Ubike 臺北輕旅行

茶花小屋（李立忠）著

晨星出版

〔推薦序〕茶花・Ubike・臺北城

我認識的茶花，知名百萬單車部落客，有太多粉絲，我僅是他的粉絲之一，實不足以擔當寫推薦這檔事，但如果我的書寫能讓您更讀懂或更欣賞茶花，這是我樂意的。

如何跟您描述這位單車達人呢？

初識茶花，因著晨星出版的《單車一日小旅行》，很棒的一本單車旅行筆記兼工具書，在我主持的電台現場直播節目裡，含蓄寡言，是我對他的第一印象，但我發現他真能寫，這本書後來入圍了臺北市立圖書館的好書大家讀年度好書獎。

再識茶花，在炎炎夏日的游泳池，他是紅十字會水安隊的游泳教練，我有幸成為他的學生之一，數個天還未透亮的晨曦，領受他對學員的諄諄引導。

又識茶花，他正忙著這本要跟您見面的書——《Ubike臺北輕旅行》，有緣跟著他騎Ubike體驗一番，發現他絕佳且獨到的攝影功力，還有對文字的兢兢業業，尤其他隨身攜帶GPS，詳細標註每個所到之處，只為讓讀者下次還能依著他的地圖循線到訪，令我相當佩服！

茶花在部落格寫的每一篇城市印記，每每令我驚豔。悠遊他的第一本單車散文書《早安自行車》，可以追憶童年、寫日出日落、看盡良辰美景……，我簡直像《愛麗絲夢遊仙境》的愛麗絲，一腳摔進不探底的無底洞，無法自拔的跌進茶花的文字深淵中，久久無法自已。

很難想像，學機械出身的他，筆墨竟如此行雲流水；運動場上的三鐵教練，卻擁有深度人文哲思；靦腆的外表下，不折不扣是個才華洋溢的文青。與「茶花小屋的分享心世界」部落格相遇，有一種忽逢桃花林的怡然自樂，更有陶潛詩句裡「結廬在人境，而無車馬喧。」的恬淡自適，就像茶花常在文字裡寫道：「我正在跟單車談一場又一場的戀愛……」，他熱愛單車，捨棄二十一年的朝九晚五，甘於歸零，爬梳屬於自己的心靈境界。

也許茶花寫的故事，正是你我憧憬的詩篇，正記錄這臺北城中不經意的點點滴滴，亮黃色的Ubike穿梭街頭、漫遊巷弄、迎向水岸、馳騁田野，瞥見這一幕幕精彩，您當訝異單車原來可以如此尋幽訪勝。藍天白雲，綠野間一排黃色Ubike的自在移動，真是一幅美妙的圖畫！

茶花用他細膩的觀察角度，走訪臺北城南城北，發掘適合單車踩踏的足跡，帶您經歷每一個值得細細品味的山巔水濱，「臺北的故事像春天一樣溫暖……，在街角轉彎處，小公園花草的深處，靜靜的，浮光掠影若隱若現，篩過層層疊疊城市阻礙，瑣碎的歷史微光交織著……」真的，臺北城很美，什麼都不缺，缺的是慢活細看！

曾問茶花，「一個大男人為何筆名叫『茶花小屋』？」他的妙答是：「『茶花小屋』要分開讀，是茶＋花＋小屋……，希望有個種花喝茶的小屋子，生活好悠閒。」嗯，這正是茶花要跟大家分享的靜謐空間，而且離車水馬龍的臺北城不遠。欣聞茶花新書即將出版了，寫的正是雙北的Ubike輕旅行，我想我又要恍恍惚惚，不自覺進入茶花攝影與文字的魔法中……。

廣播電台節目主持人　徐德芳

一〇四．〇三．三〇

〔自序〕城市美麗的移動

記得十幾年前，臺北城市裡難得看見腳踏車的蹤影，街上大多是汽車與機車呼嘯而過的影子，那時候，堤外的腳踏車道，大多是河濱公園內原有的步道，斷斷續續的，甚至可以用柔腸寸斷來形容。

新店溪、大漢溪與淡水河流域，可以說是大臺北地區最主要的休閒單車路線，近幾年來，難以完整串連的河岸自行車道終於四通八達，也成為臺北都會區域最佳的單車踩風場所。那些年，我也騎遍了這些蘊含城市角落之美的河岸自行車道，看盡晨昏曦光，覽盡四季變換，微觀自然生態。河岸旅行，彷彿是一部說不完的小說故事，值得一走再走。

這兩年Ubike租借站點亮街頭，橘色車身光影四處移動。失竊、停車、保管……對單車裹足不前的理由似乎再也找不到了。近年風行的河岸單車休閒，終於可以回歸城市大街小巷了，找尋豐富的歲月，發現與我們不可分離的另一種旅行新關係。Ubike除了通勤功能以外，對於休閒旅遊的步行替代與中距離接駁，充分表達了腳踏車與城市移動關係的緊密結合，騎上亮橘色的公共自行車，腦中閃過為什麼不早點出現Ubike的聲音。因為這些移動過程，是如此深入從前到未來的生活。

當大家的眼光心思被導引在堤外的美麗風光，我發現，城內的歷史歲月，用腳踏車輕掠而過，比起步行、搭車及自行開車，更來得輕鬆自在。剛開始，我大多以自己的通勤車，遊走臺北城市大街小巷，或許在臺北出生又在臺北生活將近五十年的我，想從單車的旅程中找到念舊後微微的心滿意足吧！我出生在萬華，卻一直忘記慢慢地走過剝皮寮的長廊，不曾輕輕的跨過仁濟院的門檻，也少了駐足仰望糖廍公園糖倉裡百年樑柱。有一天，無意間看見和平青草園邊上的Ubike，一趟萬華大理街附近的小旅行，又重新喚醒我對萬華的一些記憶。踩著Ubike找回許許多多最初的兒時記憶，更閱讀了萬華的新頁。這讓我突然想念過去的心，保留下來，化作一場美好的小旅行。騎在Ubike上的自己，是城市最美的移動！

三年多前跳脫臺北上班族生活，那時的Ubike並不多，我常踩著自己的小折，在敦化南路上送貨洽公。今天，Ubike很方便帶我們沿著敦南林蔭，看臺灣欒樹秋天落下黃色花雨，吹著夏天樟樹林裡的風。洽公辦事更是輕鬆方便，一點都不用為了短短的幾站公車，花費心思。騎在上面的每一個人，好似城市裡最美的風景。

我把自己曾經走過的點滴風景，用Ubike串連起來，無意間發現錢穆國學大師故居，靜臥東吳大學的角落；植物園裡原來還住著南門町三二三的檜木房子；捷運雙連站邊的小巷子，藏著胡同飄香的烤包子。還有，一路走來，大街小巷說不完的豐富故事。

茶花小屋二〇一五・〇四・廿七臺北

〔序章〕

Ubike 臺灣旅行新趨勢

漫步臺北街頭，亮橙色單車帶著微笑標幟穿梭在車水馬龍中，濃郁的城市風格顯得幾分優雅。這兩年，臺北笑了，到處都是YouBike在街上揚起微笑，從黑夜到白天，從市中心到郊區，從踩踏的腳步聲到閃爍的車燈，那一抹笑意對著沿途風景，獻上最美的弧線。

臺北縣板橋第一輛NewBike開辦以來，臺灣的公共自行車漸漸深入城市生活，臺北市、高雄市、彰化縣、臺中市也陸續建立Ubike租借點，新北市改制後Ubike漸漸地與臺北市同步經營。在擁擠而繁華的城市地區，搭配捷運或大眾運輸，公共自行車租賃已經成為最方便的交通工具。沒有汙染、乾淨、無噪音、強而有力的機動性，無形中，城市形象自然往上提升。而對於觀光價值，更是另一種收穫。

利用單車遊歷臺北是現在最方便、最流行的旅行方式。租借站分布密度已經超越捷運站，加上租借後還車的靈活機動性，騎Ubike拜訪大街小巷，體驗巷弄文化更加得心應手。不必擔心停車問題或是步行所耽誤的時間，順暢串連每一個景點，深入巷弄的美好時光。一天或半天，便能紮實走過臺北街角的點點滴滴。這種不是很長又不是很短的公共自行車旅行，將替代步行與機動車輛的旅行方式，因為以Ubike為中心，搭配接駁快速的捷運、公車，交替短程步行，幾乎每一次的城市移動，都可以完美而豐富。

很訝異！臺北的郊區也成為Ubike的旅行路線，三峽、淡水、八里等地，離市區最近的租借站少說也有十五公里，但仍然吸引觀光客不遠千里騎著Ubike單車輕旅行。這是因為在騎車的過程中，除了目的地以外，一路騎行的距離也成了旅行中的一部分。就像北投到淡水這條

Ubike方便、靈巧，適合漫遊城市巷弄，尋找角落遺忘的寶藏。

Ubike已經是通勤旅遊的流行代名詞，不論大街小巷、水岸河堤，都能看見它橘黃閃亮的身影。

路線，在還沒抵達擁有動人夕陽與豐富歷史的淡水小鎮前，就先品味了關渡的自然生態與關渡宮的宗教人文，沿著黃金河岸自行車道，淡水河風光引領Ubike踩進另一場旅行的高潮！單車替代的交通過程，不僅是移動的方式不同，更是旅程的延伸，閱讀在機動車輛中所遺落的美好風景。

國外觀光客對Ubike的利用率也極高，不少日本及香港或其他國家來臺旅行、出差的外國人，特別要求騎Ubike體驗單車旅行的感覺。記得有一次在新店溪拍照，隨口與Ubike騎士聊上幾句，才發現是來自香港到臺灣出差的旅人。那天他從臺電大樓站出發，沿著新店溪騎車吹風，利用即將離臺的時間，踩著Ubike徜徉河岸的美麗風情。在如此短暫的時間內，不僅看見新店溪如山水的晨霧，也把古亭河濱公園的婚紗主題走過一遍。公館最著名的自來水博物館及寶藏巖，那些過往歲月下的歷史與建築特色，都輕鬆帶回香港。Ubike的方便性，是否神奇到令人難以置信！

臺灣的自行車風潮在二〇〇九年達到高峰，騎乘自己的單車上路大多以假日休閒為主。二〇〇九年三月份，臺北市公共自行車示範計畫展開新頁，在二〇一二年十一月試營運期間超過百萬人次騎乘，一直到二〇一四年十二月為止，除騎乘人次突破三千萬人，建站數量同時達到一百九十六站。對於自行車通勤、休閒，無非是嶄新的開始，現在出門不用帶著單車，只需肩負著背包，帶著一顆感動的心，走到哪就可以騎到哪！租車、還車不再是辛苦的事情。走路太遠太累，搭車又太近太不划算，那就騎Ubike吧！逛進時間角落的巷弄裡，帶著一抹移動的微笑，YouBike你的美好城市旅行。

城北篇　尋找自然生活風

城中篇　悠遊城市百年風華

西南篇　走進臺北古往今來

東南篇　享受時尚季節變換

新北篇　小遠行輕運動

特別篇　串連美好小旅行

城北篇

尋找自然生活風

start

三
腳
渡
ubike

騎遇北投溫泉鄉 大街小巷探險

北投有濃濃的溫泉味道，也有流落小巷子裡的感慨悲涼。北投捷運站下車，租輛Ubike，跟著在空氣中飄散的硫磺味，來去大街小巷探險吧！

北投老街迷途 百年觀音山石牌坊現蹤跡

初踩這裡的巷道，難免會有點迷路，北投的巷弄有點複雜，不是因為方向感失準，而是有些年紀的小街巷，編織著過去交錯的脈動。

也許是來此的遊客為了少走幾步路，大多直接轉搭捷運往新北投線前往溫泉區，因此捷運北投站前的Ubike保持充足的供應量。在北投站下車租輛Ubike，沿著站前的光明路

Ubike 輕旅行路線

捷運北投站 — 3分 — STOP 1 300M 周氏節孝坊 — 10分 — STOP 2 1.6K 北投溫泉博物館 — 1分 — STOP 3 1.6K 千禧湯

里程：3.6KM　旅行時間：4 小時

▶ 北投溫泉博物館，有自然的外表與歷史的內容。
◀ 地熱谷終年水質輕藍，雲霧迷濛。

騎單車，可以先在溫泉迷霧前，掉進北投的另一種氛圍。傳統市場裡的吆喝聲，怎麼也壓不過當地人每天必吃的簡記排骨酥香氣，還有老牌的蔡元益紅茶，靜默不語地一賣就是幾十年。

有些巷弄裡，訴說著北投的老故事，豐年路其實是一條不怎麼大的巷子，兩側的公寓看似有些年紀了，街底矗立著一座臺北觀音山石所建的周氏節孝坊。慢慢走過牌坊下，彷彿渡過一八六一年興建至今的時光河流，起起伏伏浪裡翻滾，歷經一八九七年的大地震、日治時期的窮困，抵達現在繁華的北投岸邊，只能靜靜地停泊在擁擠的窄巷。

騎車逛進北投，請乘風而過，抬起頭，看一看容易風化的觀音山石上雋永的刻痕。

騎遇溫泉鄉　享受大自然的賜予

慢騎至新北投，路程非常簡短，嘴裡哼上一首小曲，就差不多看見新北投了。大大小小的溫泉飯店林立，圍繞著北投公園。

中山路略為上坡，不過踩個幾分鐘的單車，一眼就能發現北投溫泉博物館古意又典雅的仿英式建築。駐足在右側的大草皮前仔細端詳，移植於日本靜岡縣伊豆山溫泉模式的樣貌。因地形關係，大門在中山路上的二樓，為維護古蹟，需換鞋進入，方能一窺北投溫泉的當年。來到溫泉鄉，當然要泡泡溫泉，一旁公辦民營的千禧湯，經濟又實惠，但切記要帶著泳裝，在露天的陽光下，享受大自然賜予的溫暖。

青礦泉源頭供應北投地區的溫泉用水，中山路騎到底，地熱谷水色湛

STOP 4 1.7K 梅庭 — 1分
STOP 5 2.0K 地熱谷 — 5分
STOP 6 2.6K 普濟寺 — 5分
STOP 7 3.3K 北投圖書館 — 6分
3.6K 捷運新北投站 — 4分

北投圖書館的自然光透過大片落地窗進入室內。

溫泉路邊的石階，帶領腳步，走進守護溫泉的普濟寺。

藍、煙霧瀰漫。在保育源頭與安全前提下，以往遊客煮蛋的景象已不復見，掏個銅板，買兩顆商家煮好的溫泉蛋，那年硫磺味裡的舊日風光彷彿重現了。

拾級而上散步寧靜　普濟寺守護北投

暖暖的硫磺味旁邊，清涼的樹蔭拾級而上。把Ubike停在步道旁，打開沒有上鎖的木柵門，踩著一階一階的石梯往上，林隙篩過的陽光落了下來，印成一片片樹葉的倒影。轉個彎，龍柏後面的普濟寺突現於眼前，寺院裡茶花枝葉亭亭玉立，樹林環繞，黑瓦白牆，方柱木窗，簡單古樸的日式寺廟，佇立山間百來年了，一直守護著溫泉的故鄉。

普濟寺的氛圍出奇寧靜，慢步寺院，每踏一步，都是劃破磺煙百年的寂靜。而山下的今天，繁華依舊。

1 周氏節孝坊

N25 08.045 E121 29.867

西元一八六一年建成，位於豐年路底，二側包圍著有點舊意的透天厝。牌坊訴說了北投的歷史，與早期的在地生活超越時空連結。原有牌樓曾經歷臺灣北部大地震、日治時期的窘局，近年才由北市府相關單位修復。最特別的是，此牌坊由臺北觀音山石所建，可說是全臺唯一。

2 北投溫泉博物館

N25 08.206 E121 30.427

一九一三那年，由官方主導興建的溫泉浴場，是當時東亞最大的溫泉浴場。建築風格類似英國鄉間別墅，有著典雅的外觀與簡式的華麗，通風透氣的門窗結構設計，見證臺灣溫泉文化。目前名列古蹟，提供在地歷史及溫泉知識。

3 千禧湯

N25 08.208 E121 30.435

位置就在溫泉博物館的旁邊，利用北投溪流護岸地形建造而成。其中以露天溫泉為主，熱水池、按摩池、溫水池及冷水池讓遊客享盡溫泉的舒暢。源頭引自地熱谷之青磺泉。每天定時分段開放，門前常見排隊人潮。

4 梅庭

N25 08.219 E121 30.509

沿著中山路風景線走，梅庭一樣位於溪畔。早期為于右任先生避暑、避壽寓所。保留歷史性的日式木造結構外觀及內涵，風味獨具。北投遊客中心設置於此，內部可供參觀及用餐。

5 地熱谷
N25 08.264 E121 30.668

中山路底，北投溫泉公園上游地帶，不少溫泉湯水取自地熱谷的青磺泉，早年流行在谷內煮蛋。終年硫磺煙霧飄渺，如夢似幻。但也引來恐怖聯想，所以又名地獄谷或鬼湖，日治時期曾經名列臺灣八景十二勝之一。

6 普濟寺
N25 08.161 E121 30.674

北投溫泉路一一二號的石階往上，穿過林蔭，便來到寺前。建於一九〇五年，原名鐵真院，至今已有百年以上歷史。因位置較為隱密又位於山間，所以遊客不多，保留清幽與遠離塵囂的氛圍。百年來，此寺普遍被認為是北投及溫泉的守護者。

7 北投圖書館
N25 08.180 E121 30.374

看起來頗為特別的北投圖書館，是全臺第一座綠建築圖書館。置身綠林間，與北投的環境結合，以木構造為主，採用大片落地窗採光，向大自然借景，就像是一座大型高架樹屋。內部的電力及用水，均以回收及光電科技的環保理念設計。

8 本土味明泉紅茶
光明路上三十幾年茶飄香

排隊客人絡繹不絕，想找個空檔和店家聊幾句都難。在光明路上賣了三十幾年紅茶，一直都在這矮房小攤子上。當紅茶桶的蓋子一掀開，茶香瞬間瀰漫開來。道道地地的紅茶香味，一入口，這獨有的味道別處再也找不到了！紅茶奶蜜加上牛奶和仙草，更襯托出紅茶的多樣變化。騎車經過光明路，記得來嚐嚐北投的老字號紅茶。

地 臺北市北投區光明路溫泉路口

9 食麵埋伏
味噌海苔玉米拉麵

以日式風格加入臺灣吃法的食麵埋伏拉麵店，在地經營二十幾年來，研發出各種口味的臺灣日式拉麵。其中咖哩牛肉麵，以三種咖哩和十多種蔬菜水果完美組合，熬出清香濃郁的牛肉高湯，搭配口感有勁的拉麵，製作出與眾不同的牛肉麵。值得一提的味噌海苔玉米拉麵，濃濃的發酵酒香味噌湯，第一口就抓住食客的心，清爽的甜玉米及海味十足的海苔，更牽引出整碗麵的豐富口感。

地 臺北市北投區泉源路12號2樓之1

10 傑克老爹碳烤酒館
中西通吃

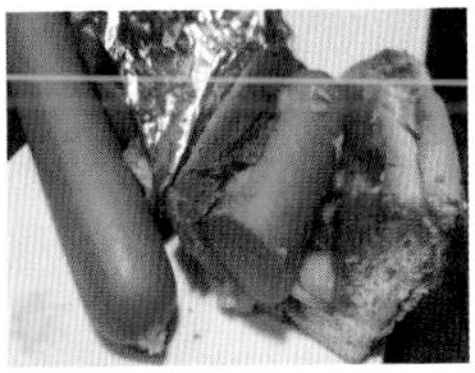

在地熱谷入口前，以漂流木與回收資源再利用搭建的小酒館，充滿了吉普賽浪人的風格，裡面藏著傑克老爹的精心料理。德國香腸熱狗堡，老爹特別商請朋友以自己的配方製作獨家大熱狗，味道絕對適合臺灣人，再加上烤得外酥內軟的法國麵包，除了有家的感覺，還有新鮮創意。而中式料理更不遑多讓，牛肉拌麵、炒飯、牛骨溫泉蛋包湯，吃出老爹的好手藝。

地 臺北市北投區溫泉路103-3號（台銀舊宿舍旁）

發現士林隱藏景點
錢穆故居與妙侊寺

遊玩士林，別只是輕輕掠過精彩的景點，不妨轉個小彎，拾起平常不小心遺落的旅行明信片風景。

士林捷運站二號出口前剛好有Ubike租借站，走出捷運站，過個馬路，很方便的就可以騎上Ubike，穿過小巷子，再騎過中山北路，三、五分鐘時間，士林官邸的四季風光足以收買遊人的心。就從這裡出發，去探訪東吳大學裡的錢穆故居吧！

轉個小彎
發現清靜山林妙侊寺

這條路線有不少知名景點，士林宮邸、雙溪公園、故宮、中影等，搭乘公車與開車，連結各點可說是方便又快速。但路上有什麼風吹草動、

△步入妙侊寺，置身清幽的氛圍裡。

Ubike 輕旅行路線

捷運士林站 → 3分 → STOP 1 士林官邸 390M → 5分 → STOP 2 雙溪公園 1.0K → 5分 → STOP 3 妙侊寺 1.7K

里程：8.0KM　旅行時間：4.5 小時

▶ 士林官邸內的老房子與花草樹木，訴說當年的故事。
◀ 素書樓紅色大門後，有一段錢穆大師的過往。

蛛絲馬跡，卻無法領略。騎Ubike慢慢的踩踏，會不經意地發現旅程中的小驚喜。才剛轉進至善路，便被一塊平凡無奇的「妙佚寺」立牌給吸引。沿著指標去玩吧！寺廟在山腰間，山路不是很長，三、四百公尺就抵達妙佚寺。

走沒兩步路，就能輕輕鬆鬆俯視山下的至善路。因為人煙罕至，就像是一處世外桃源的清靜之地。老樟樹仰望天空，清淨的背景描繪出古色古香的彩色寺廟建築，缺少車聲的寂寥，只有夏蟬歌頌季節的美妙音符。走進寺內必須登上一段頗高頗陡的前梯，寺門前視野更加開闊，眺望對面的陽明山腳下與遠方的大屯山及面天山系。這突來的意外風景，讓心裡驚呼連連。大門裡清閒而幽靜，花木安安靜靜地守護著莊嚴的寺廟，午後的陽光透過窗花映照出靜謐的空盪，在此慢步，或許可以找到脫離塵世的心。

東吳大學山腳下　錢穆故居憶當年

妙佚寺山下的小巷子，可以直接通往東吳大學，掠過東吳牌樓，沿著臨溪路騎到底，遮天的榕樹下佇立著兩扇臺灣早期的紅油漆大門，這幾十年來時代變遷，隱含著許多難以忘懷卻被遺忘的故事。打開被時間忘卻的大門，左手邊楓樹步道拾級而上，微微的右轉彎，慢步走過五爪楓葉林蔭，綠色草皮花園浮現。花園的草木大多是錢穆先生與夫人親手種植整理，站在一旁的二層樓房下望，步道輕劃花草間，十足文人雅士的靜修之地。

走進錢穆故居，緬懷一段中國大陸與臺灣時代交替中，學者心中不可言說的歷史。錢穆故居是後來的稱呼，原名素書樓，聽起來充滿書香氣息，端坐素雅的樓房裡，遙想儒學大師二十二年歲月，講課傳道、薪火相傳的往日時光。之所以命名素書樓，是因為錢穆大師為紀念母親，在無錫老家素書堂一段歷病的難忘經驗。

順遊著名景點
雙溪花園與故宮

這條路線上串連著士林必訪之處，走過故宮博物院一路往上的階梯，仿古又典雅的宮廷大門裡，珍藏中國數千年來的文明與歷史；還有，別忘了逛一逛福林路與中正路交叉口上，雙溪公園裡數十年來不變的庭園。大王蓮

鋪滿翠綠，亭臺水塘樹蔭清涼，
坐看水岸處，旅程中風雅的寧
靜，輕映心海。

▶ 騎上Ubike背起攝影包，雙溪公園是最佳的遊憩庭園。

▼ 以前蔣夫人最喜歡在這片青翠大草皮上辦派對。

1 士林官邸

N25 05.662 E121 31.764

蔣故總統昔日官邸，一九九六年正式開放參觀。保留原有的主要房舍與庭園，目前以園藝展覽為主。尤其是每年入冬以後的菊花展，各式各樣的花朵美不勝收，是士林地區的必遊景點。

2 雙溪公園

N25 05.894 E121 32.109

民國六十三年興建完工後，一直是臺北地區山水庭園的指標公園，早年必須購票進入，現為免費參觀。其中古樹山石、水岸迴廊、亭臺樓閣，自然景觀兼具人工造景，呈現中式庭園之美。

3 妙佐寺

N25 05.735 E121 32.386

從至善路一段一三八巷轉進小巷子，再沿著山路走個兩三百公尺，佇立山間高聳巍峨。步上階梯向山下眺望，至善路與陽明山系盡入眼底，寺內清靜幽雅，花木扶疏，仰望藍天展現建築之美。

4 錢穆故居

N25 05.659 E121 32.877

路過東吳大學牌樓，深入校區山邊，老榕樹搭成漫天樹蔭，看起來就像是文人雅士隱居之所。國學大師錢穆由中國大陸搬遷來臺後定居於此，當文人逝去，那一段對儒學的熱愛依然流傳。故居內保留著大師過去的起居用品及學術著作等。

5 故宮博物院
N25 06.036 E121 32.961

目前是臺灣地區規模最大的博物館，館藏多達六十九點六萬件，中國古代藝術史及漢學珍寶無數，在世界上也是盛名遠播。從山下仰望，氣勢雄偉引人入勝，有若它的典藏無邊無際。

6 士林夜市
N25 05.332 E121 31.507

士林市場古蹟經過整修後，每天依然忙碌著從事各種市井平民的小型商業活動。經過搬遷重建，小吃又回到原址地下室，而夜市活動多聚集在文林路與基河路之間。

7 小東美食店
鮮香櫻花蝦炒飯

小東美食店在士林夜市周邊，不論是炒麵或炒飯都是它拿手的料理。其中高麗菜炒飯完全以鮮甜的高麗菜為主料，但並不會因為沒有肉就顯得不夠味，一樣是香甜好入口。櫻花蝦炒飯更是充滿了大海的味道，一隻隻紅色櫻花蝦與粒粒分明的飯粒交融著大海與陸上精華，再佐以洋蔥與蔥段，鬆軟的口感紮實的美味，如潮水不斷拍打著味蕾。

地 臺北市士林區小東街20號

8 吉利生炒花枝
獨一無二的絕版功夫

在臺北圓環興起前就從事生炒花枝這道美食了，百年老店吉利生炒花枝的戴老闆以古老的手工與技術，每天做出新鮮的花枝與魷魚料理。鮮美的湯頭裡除了大片厚實的花枝塊，加上高麗菜的香甜與竹筍微酸的氣味，可說是獨一無二的絕版功夫。店內的其他臺灣小吃，蚵仔煎、米粉炒等，能滿足多樣化的選擇。

地 臺北市士林區基河路101號
(士林市場B1美食廣場55-56號攤位)

9 大餅包小餅
50年不變的老味道

一九五九年創立，五十年歷史，士林市場幾經搬遷，簡單香酥的大餅包小餅一直都沒消失，口味也從來沒有變過。比潤餅皮再厚一點的白色大餅麵皮，包裹著油炸過的香酥小餅，再灑上各種不同口味的調味料，簡單不華麗，那種只有麵香與酥脆的口感，卻一直讓人難以忘懷。基本上大餅包小餅有甜與鹹兩種選擇，如咖哩、麻辣、花生、芋頭等。

地 臺北市士林區基河路101號
(士林市場B1美食廣場9號攤位)

10 建發號豆花
香濃夠味的三豆牛奶冰

從一九八五年開始賣豆花，也有三十個年頭了。首創以電鍋製作出豆香四溢的豆花，每天以新鮮黃豆研磨，現做現賣，不加防腐劑與化學香料，豆花也可以是一種建康食品；除了豆花，以綠豆、紅豆、花生三種配料，與香濃牛奶搭配出細緻綿密的口感，一口接著一口，無意識的，一大碗又濃又夠味的三豆牛奶冰，全消失在愉悅的味覺享受中

地 臺北市士林區大北路55號

碧湖乘風到大湖 兩個湖的水旅行

Ubike 輕旅行路線

捷運西湖站 → 0分 → STOP 1 0M 西湖市場 → 15分 → STOP 2 2.1K 碧湖公園 → 10分 → STOP 3 3.1K 內湖庄役場

△ 慢步碧湖黃昏，看亮麗金黃落在漣漪。

▶ 大湖公園水邊悠然閒適，一坐便忘了時間。
◀ 碧湖畔的竹編織屋，儼然成為內湖新地標。

自從文湖線捷運通車以後，內湖通勤就更加方便了。北市東北方角落，靠山的自然養分，滋養出與眾不同的生活方式，有山有水有閒情逸致。隨意找個捷運站下車，輕鬆地走進看山親水的簡單旅行。

西湖市場二樓美食區　各國美食享用不盡

在西湖捷運站下車，步上捷運共構的二樓西湖市場裡，就像是一處美食天堂，儘管撐飽肚子而來，仍然有想吃盡每一攤的想望。

市場裡不乏網路盛傳的必吃名攤，也有一些隱藏在中午出外覓食人群中的平凡攤位。其實看上去，比較像是百貨公司的美食區，經過規劃過的格局與中央公共用餐方式，比起一般的路邊攤，更多了清潔與安心。

集合各國料理是最大特色，手工薄餅披薩現烤現吃，野菜咖哩粥自然清香，大蝦抄手料多又實在，還有多種口味一吃就難忘的煲仔飯，讓人遠從幾十公里外奔赴至此一嚐美味。

來內湖旅行，怎能不先在西湖市場填飽肚子，才上路享受山光美景！

碧湖公園山青水綠　竹織小屋寫下新藝文風

西湖市場後方就有Ubike，沿著路底的環山路往東，沒多久便會遇上碧湖，隱身於內湖路二段的山邊上，湖光山色映入眼簾。

碧湖舊名為內湖大埤，舊時以灌溉農田為主，因為都市發展，最後被

捷運大湖公園站 7.1K — 0分 — STOP 6 大湖公園 7.1K — 8分 — STOP 5 大溝溪生態治水園區 6.2K — 20分 — STOP 4 郭子儀紀念堂 3.8K — 5分

郭子儀紀念堂的紅磚洋樓，為內湖增添一段歷史故事。

大湖的落羽松下難得城市好心情。

青山伴藍天，大溝溪生態治水公園深入山林。

改建成以湖為主題的碧湖公園。從文德站慢步過來，大約五分鐘就可以到達這水泥城市的後花園。繞著湖邊散步，享受著水青山綠的舒暢風情，小白宮、九曲橋、水鳥、白鷺鷥自成一幅美麗的畫面。用漫遊的心情走過落羽松和綠色隧道，大約一個多小時，一路走來，似乎遺忘置身城市的繁華中。

在步道的中心點附近，最近出現一座國際地景藝術家王文志的碧湖竹編織屋，使用四千根竹子，耗時一個半月完成。可以循著竹織曲巷走進去，坐在竹臺上仰望高高在上的天窗，竹編的夕陽光影碎裂一地，輕落在身上，秋高氣爽的季節，舒服極了。夜色中來訪，更是璀燦亮麗，竹屋結合在地藝文活動，寫下碧湖的人文新風潮。

大湖公園碧波盪漾　落羽松秋冬換新裝

相較於碧湖，大湖離人口集中地帶遠一些，更有原始風情。以前Ubike未在此設站，不過仍可停下單車，踩著閒散的腳步走進來。不久前Ubike站增設至此，到大湖公園騎車更方便輕鬆了。

大湖舊名十四份埤，面積有十餘公頃，是臺北市最大的湖泊之一。目前大湖捷運站建於一旁，近年來的城市擴展，讓原有的自然步道與坡腳人為消失。大湖公園種植許多落羽松，每逢秋冬，樹梢定會換上咖啡色的新裝，松下眺望湖面如鏡，拱橋劃過一道美麗的弧線，微風輕吹，什麼世事憂愁都能暫且忘懷了。

有水的城市最美，內湖擁有兩個大型的湖泊，騎乘單車連結美麗的水文，也同時閱讀著沿途的人文點滴。郭子儀紀念堂、大溝溪生態治水園區，閒騎的路線有點遠，但流點汗沾染自然的風，單車的旅行回憶會更常存心底。

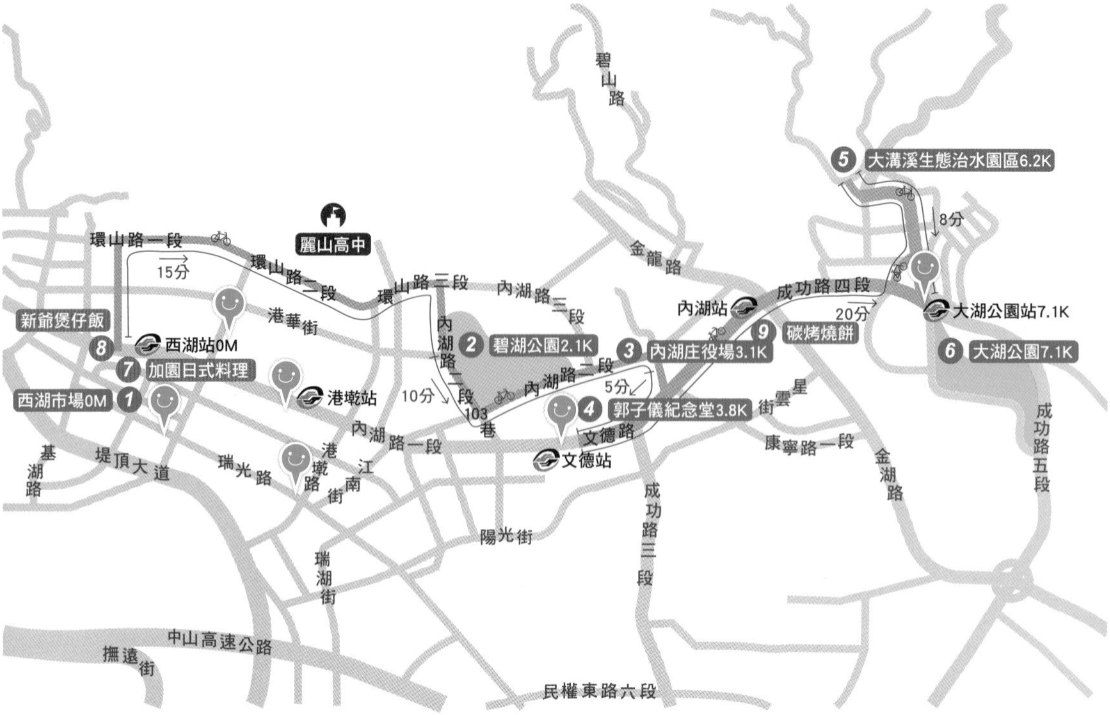

2 碧湖公園

N25 04.998 E121 34.867

碧湖公園內以碧湖大水埤為主要景觀，除了是附近居民每天的散步之處，更吸引許多遊客前來。繞著湖畔慢步，可以看見湖光水色、小白宮、綠隧道、竹編織屋、九曲橋等，晨昏時分的漸斜光影映襯湖水上，別有風情。

1 西湖市場

N25 04.979 E121 33.999

與捷運共構的西湖市場二樓美食區，集結各國美食。一次又一次來訪，也吃不完讓人念念不忘的各種料理。有些食客遠從幾十公里外的新店或新北市各地，來此吃一頓午餐，以解想念。

3 內湖庄役場

N25 04.910 E121 35.386

日治時期，內湖庄屬於臺北州七星郡管轄。庄役場是內湖地區歷史成長的見證者，但常被遺忘在內湖路二段的某個角落。典型的二〇年代藝術裝飾主義建築型式，在日益壯碩的高樓之間特別顯眼。

4 郭子儀紀念堂

N25 04.780 E121 35.196

被譽為內湖地區最精緻的磚樓，曾經荒煙蔓草，今日得以在陽光下展現它的古典美感。原是郭氏古宅的郭子儀紀念堂，建材取自福州杉、烏心石等，磚造二層樓，內部動線及格局不同於中式傳統宅邸，而是類似迪化街洋樓的典型豪宅。

5 大溝溪生態治水園區

N25 05.326 E121 35.904

因為兩場風災，一九九七年溫妮颱風及二〇〇一年納莉颱風，大湖山莊受到洪水重創，喚醒一連串的治水建設及自然保育。大溝溪治水園區以生態工法保留既有河道，除了治水功能，也是休閒及環境教育的大自然教室。

6 大湖公園

N25 04.982 E121 36.188

舊名十四份埤，湖面廣闊，天晴時雲淡風輕，陰雲時薄霧濛濛，臺北市最大的湖泊總是美不勝收。落羽松夾道，秋去冬來，綠衣換穿褐色外套，又是另一番新風情。松下微風輕吹，一根釣桿，就能過一個美好的下午。

7 加園日式料理

清淡爽口日式蓋飯

西湖市場裡不乏各類美食，在某個角落裡佇立著一攤非常好吃的日式料理。以日式蓋飯為主打，並且搭配各種壽司及手捲，在開放的美食賣場也能有道地的日式料理撫慰饕客。其中有一味牛肉照燒蓋飯，塗上薄薄的日式醬汁，加以恰到好處的燒烤技術，牛肉香味入口即化。再鋪上海苔及清爽的豆苗及玉子燒，簡單的清淡卻有豐富的口感。

地臺北市內湖區內湖路一段285號
(二樓104攤位)

8 新爺煲仔飯

難忘的美味

不論是上班族或在地居民，因為種種原因離開內湖，卻又難捨對美食的想念，一有空檔便遠從各地回到西湖市場，就是為了這一味煲仔飯。帶著手把的小煲鍋直接烹煮白米成飯，自然在鍋底形成香酥的鍋巴，白飯Q彈有勁再鋪上各式主菜，臘味飯、花雕雞飯、蠔油牛腩等等，光是看上去，滲入視覺的香味就能挑起無限的食欲。

地臺北市內湖區內湖路一段285號
(二樓67攤位)

9 碳烤燒餅

排隊人龍劃破蔥烤香

沒有門牌地址，在一處矮房子裡，每一出爐，燒餅就被一掃而空。運氣不好的話，可能要等上十幾分鐘。鹹酥餅尤其受歡迎，一個個金黃圓潤的燒餅灑上滿滿的白芝麻，出爐的瞬間，青蔥融合著豬油的香味，讓人難以抗拒。剛出烤爐時特別好吃，酥脆的口感加上直竄腦門的香氣，美味極了。另外還有紅豆餡，甜滋滋的紅豆泥鬆軟可口。就這兩種小酥餅，一賣就是十七年了。

地臺北市內湖區四段30巷3號對面

內湖在地私房路線
訪古寺輕騎棕櫚隧道

Ubike
輕旅行路線

捷運劍南站 → 400M 3分 → STOP 1 劍潭古寺 → 950M 4分 → STOP 2 雞南山自然園區 → 1.7K 8分 → 美麗華摩天輪 → 2.0K 3分 → STOP 3 楓樹自行車步道

△ 雞南山自然園區，串連劍南蝶園等自然生態景點。

里程：4.4 KM　旅行時間：3 小時

▶ 沿著下塔悠公園遍是臺灣欒樹的美麗色彩，騎累了坐在愜意裡的小確幸。
◀ 劍潭古寺右側的碑林園，保留古寺的歷史足跡。

內湖劍南站附近，有一條當地居民的私房路線，在地人的腳步總是值得追隨，騎著Ubike走進平常閒步的光景，小而美輕鬆愜意。

走進劍潭古寺三百年歷史　順訪自然步道

劍南站一號出口，依山而建顯得清靜輝煌，劍潭古寺蘊藏三百餘年的光陰。單車的旅程可以從這裡開始，回溯古老的故事，適合駐足遙想。

劍潭古寺的歷史可以從明朝崇禎七年說起，想了解更多被列為古蹟的過程，請步入寺內，順手捧起百年來的說明摺頁，輕盈的紙張上頭引領著尋找亙古的幽情。藻井、窗櫺、龍柱，每一刀筆刻劃著古色古香的過去與未來。寺廟右側的碑林園，保留古寺開創以來，維修遷徙留下的遺跡，風化的石柱、傾斷的石碑，在幽幽的碑林裡，才真正的感受到劍潭古寺的艱難歷史。

步出寺前牌樓，沿著北安路的自行車道騎行，還有個容易被忽略的雞南山自然步道與劍南蝴蝶園。停下單車上了鎖，拾級而上，十來分鐘光景，又在山林中找到不一樣的遊玩主題。

沿著自行車道看楓樹紅欒樹黃　穿越臺北唯一的棕櫚隧道

回到劍南站，往美麗華商圈騎行，摩天輪自開幕以來，造就了劍南商圈的繁華。沿著綠色鋪面的自行車道騎行，楓樹添上一抹秋紅，抬頭時候

捷運劍南站 4.4K — 5分 — STOP 6 五角船板 3.8K — 6分 — STOP 5 棕櫚樹隧道 2.9K — 1分 — 自行車天橋 2.7K — 2分 — 欒樹步道 2.5K — 1分 — STOP 4 下塔悠公園 2.4K — 4分

敬業三路的楓樹步道，秋冬時楓紅片片。

映著彩色的國宅建築，呈現季節美感。

路底的下塔悠公園色彩濃郁，臺灣欒樹帶狀分布，從九月入秋開始，黃花紅果交織著自然的盛宴。陽光從樹梢灑下來，地上映著燦炫不規則的光影，偶爾微風吹過，小黃花陣陣飄落，樹下騎單車或散步，舒服極了。不遠處有個基隆河自行車天橋，可以站在與堤防一樣的高度，遠眺基隆河雲淡風輕，或是轉身看著步道，俯視欒樹黃紅漸層，這些自然景觀既特別又美感十足。若在堤防上看飛機遠颺或是在樹下讀書、滑手機，都會是最幸福的心怡時光。

天橋對面的小巷子一點都不起眼，但跟隨在地人的腳步悠然往裡走，綿長的林蔭延伸到遠處的馬路上。這條大樓間的綠隧道很特別，是臺北唯一，也可能是全臺唯一，筆直的棕櫚樹張開一張張扇形樹葉，涼風捲起綠蔭，舒徐滿心。

美麗華百米高摩天輪享有凌空俯瞰的快感。

最佳單車小旅行　享有美好午後時光

走出棕櫚樹的悠然，越過幾條人車都少的路口，猛的出現一幢造形奇特的樓房，談不上建築風格，也說不上設計派別，矗立在內湖路邊，門前綠意花景環繞。聽這裡的人說，路過時都不免會多看幾眼。打聲招呼，便可以大方的走進「五角船板」餐廳參觀，欣賞一位平凡人的建築大夢。

劍南站的自行車路線小而美，卻是內湖最深入心扉的單車小旅行路線。

沒有疲累、沒有趕路，只有淡淡的微笑與微風伴隨。體驗此地居民或上班族只要踩著一輛自行車，就能享有美好的午後時光。

自行車跨堤天橋上，可以看基隆河雲淡風輕劃過遠颺的飛機。

棕櫚樹步道林蔭濃郁，臺灣唯一。

1 劍潭古寺

N25 05.047 E121 33.307

位置在臺北自強隧道附近的北安路上，從捷運劍南站一號出口走來，大約五十公尺距離。清康熙年間所建，追溯淵源可至明朝時代。寺廟約有三百八十年歷史，是臺北地區最古老的廟宇，寺旁的碑林園，可見其年代久遠的遺跡。

2 雞南山自然園區

N25 05.160 E121 33.125

沿著北安路往大直騎，路旁就可以看見雞南山自然園區入口。雞南山因土石流保育而產生，山上規劃的步道可串連「劍南蝶園」、「圓山風景區」，適合親子同遊，是一家人運動健身，體驗大自然的好去處。

3 楓樹自行車步道

N25 04.705 E121 33.381

沿著敬業三路，從美麗華到河堤邊的人行道上，鋪著綠色的自行車道，路旁種上成排的楓樹。每到秋冬時分，抬頭望向樹梢，一抹楓紅輕輕的映入眼簾。雖然是城市路邊的小步道，也常會帶來心中的小感動。

4 下塔悠公園
N25 04.654 E121 33.426

基隆河堤內，沿著堤防呈帶狀分布，公園裡遍植臺灣欒樹，季節熟了，紅黃交織出美麗的色彩。有時微風一吹，小黃花翩然而落，走在樹下滿心愜意上心頭。在濱江國小前的跨堤自行車天橋，更是看基隆河雲淡風輕的好所在。

5 棕櫚樹隧道
N25 04.689 E121 33.613

在地的林蔭秘境，臺北唯一的棕櫚樹綠隧道，應該也是臺灣唯一的大樓巷道間的棕櫚樹隧道。由河邊進入，樹形漸次攀高，林蔭也愈發濃密。這條隧道雖然不長，卻令人有不同的體驗，騎著單車乘風而過，會想多走幾回。

6 五角船板
N25 05.071 E121 33.576

奇特建築訴說著一位平凡人的建築大夢。在地人帶領旅行時，一定會特別舉起手，指向這幢讓人摸不著頭緒的房子。若是剛好不想用餐吃飯，向服務人員打聲招呼，就可以走進參觀內外都與眾不同的建築風格。

7 正香麻油雞
臺灣味的道地小吃

位於大食代美食廣場裡，臺灣傳統美食正香的麻油雞，以放山土雞為食材，所以肉質細嫩有彈性，再加上高品質純正麻油，湯頭濃郁，酒香伴著麻油香激盪出美好的口感。特別要提的是，店裡的臺灣小吃炒麵、炒米粉、麻油麵線、滷肉飯、蚵仔煎，再來一碗魚丸湯，對於不喜歡油膩又吃得過飽的食客來說，家鄉的味道剛好填補簡單的空缺。

地臺北市中山區樂群三路218號1F

8 土司工坊肉骨茶河粉
來自新加坡的南洋口味

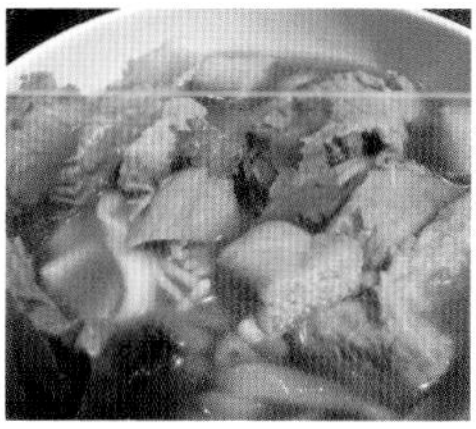

雖然位在臺灣古早味十足的大食代美食區內，仍然保有自我的清明風格。來自新加坡的土司工坊，也兼賣各式南洋料理。其中的肉骨茶河粉，湯頭清淡，帶著淡淡的中藥味道，沒有難以下嚥的苦澀，滑順好入喉，滑溜的河粉便顯得十分搭調。湯麵中的肉骨已經燉得軟爛，一入口便在嘴裡化開來，但又不失肉質口感，喜歡清淡口味的人一定要親自嘗鮮。

地臺北市中山區樂群三路218號1F

9 大江關東煮
在地人推薦

老闆每天一大早都會到濱江市場採購食材，再親手製作一大鍋看來養眼又好吃的關東煮。尤其是菜單上菜色的美味源頭柴魚高湯，堅持自己熬煮，中午及晚餐各一大鍋，高湯用罄就打烊。點好關東煮以後，老闆會整理擺盤，然後用最漂亮的姿勢呈現在客人的桌上，讓色香味一次到位。店內的味噌湯無限量供應，與關東煮一起滿足絡繹不絕的客人。

地臺北市內湖區文湖街7之1號

三腳渡踩風 社子騎車環島

基隆河與淡水河在社子相遇，百年來愛恨纏綿，社子島自浮出康熙臺北湖那一刻起，注定是臺北地區缺少關愛的角落。冷清的街道，風吹來有種寂寥的涼意，沒有路名的小道，曲折蜿蜒於菜園和工廠聚落。長期發展限制下，讓社子島反而擁有城市失去的溫度。社子堤防兩側是略高於土地的河水與村莊聚落，在位置較高的堤防上騎車，擁有絕佳視野與一份怡然自得的感受。

三腳渡出發 沿著河岸騎行

劍潭站下車，沿著劍潭路過了承德路往基隆河堤防走，附近有個越堤坡道，剛好在三腳渡旁邊。談到三腳渡就與社子島有點關聯了，早年居民在

Ubike 輕旅行路線

捷運劍潭站 → 8分 → STOP 1 三腳渡 1.4K → 6分 → STOP 2 百齡右岸河濱公園 2.5K → 15分 → 百齡左岸河濱公園 5.0K → 5分 → STOP 3 社子花卉村 5.4K

里程：14.9 KM 旅行時間：5 小時

▶ 堤防邊坡開滿白茅，伴著秋天溫度，滿心舒暢。
◀ 基隆河畔的三腳渡擺渡口，騎著單車輕鬆走進歷史的航線。

劍潭（山仔腳）、大龍峒（大浪泵）、葫蘆堵三地水路往返頻繁，自然產生三腳渡船頭。後港墘是這裡的俗名，位在基隆河、淡水河、番仔溝圍成的沙洲東南角，現今稱此沙洲為社子島。所以想去社子島騎單車，不妨從三腳渡為起點，體會早年的水上交通與地理動線。

過去的風光已然消逝，繁榮的渡船時期船隻有兩百多艘，後期路運發達，只能改以抓蜆維生。而今微風輕拂的基隆河畔，只能見到一些零散的小船與龍舟等待出航。順著斜坡滑進堤外，回頭第一眼看見位於行水區內的天德宮，小小的建築可是臺灣唯一可以移動的寺廟。在潮水上漲時，利用人為操作抬高兩公尺。

從這裡往下游的自行車道騎行，百齡右岸河濱公園雲淡風輕、綠草如茵，舒服的河邊空氣一路相隨，社子島就在眼前了。

社子島迎風騎單車　飽覽自然美景

社子島堤防是最棒的單車路線，堤防從淡水河自行車道邊延伸，繞著水岸描繪社子島的邊緣線條，幾近於一百八十度的路線，看盡了由觀音山系經過淡水河出海口連接大屯山系的山河風光。堤防外側的濱岸潮間帶常聚集許多鳥類棲息，除了水鳥與候鳥生態外，水生植物更是豐富。路線的中心大約在島頭公園，廣大的灘地向河心滑落，站在公園水邊，清清楚楚看見淡水河與基隆河交匯後流向大海。

堤防邊坡經過美化，五顏六色的繽紛花草綿延好幾公里，花季到了，便與自然花草一起迎風搖曳，讓社子堤防滿是舒心畫面。入秋後，白茅開

5分
STOP 4　5.8K　社子島堤頂自行車道
25分
STOP 5　9.5K　島頭公園
15分
STOP 6　12K　社子溼地
4分
STOP 7　12.6K　社子大橋
2分
12.7K　洲美自行車道
10分
14.9K　捷運奇岩站

▶ 社子堤防有特別的花草美化工程。

▼ 騎單車登上社子大橋，一定要停下腳步，眺望關渡平原與大屯山。

著白色花序，堤防的坡坎像下雪，白靄靄的波浪不停伴著秋風翻騰，遠處近來完工通車的社子大橋矗立在秋高氣爽的湛藍天空下，美麗極了。駐足微風輕吹的堤頂，每一次的呼吸都會是最美的吐納。

社子大橋眺望　連結北投溫泉路線

大約八公里的社子堤頂踩風，再次看見洲美橋時，差不多到終點了。白色的社子大橋很吸引人，自行車引道直接上橋，橋上眺望關渡平原與社子地區，開闊、悠然景色向遠方伸展。田疇沃野、藍天白雲牽引，社子大橋讓Ubike的路線輕鬆回到市區，走進溫泉的故鄉，北投。

◀ 島頭公園綠草蒼蒼與藍天白雲連成一氣。

2 百齡右岸河濱公園

N25 05.119 E121 30.912

綠草青青、藍天白雲，沿著河岸公園騎單車愜意悠然上心頭。百齡右岸與左岸河濱公園位於基隆河的兩岸，往社子島方向延伸，一直到雙溪河口，形成帶狀自行車道公園。河邊微風輕吹、視野開闊，一路直達社子地區。

3 社子花卉村

N25 05.696 E121 29.876

社子島入口附近的社子花卉村，原本是一座生硬又塵土飛揚的砂石場，二〇〇三年開始，經過花草種植及綠化灌溉，在用心的經營下，已經成為花香滿溢、花彩滿目的美麗地方。裡面有許多花草植物展覽及美食饗宴與DIY課程，騎車時不妨轉個小彎，免費進入參觀。

1 三腳渡

N25 04.848 E121 31.054

越過劍潭路底堤防，堤外就是具有水路交通歷史的三腳渡碼頭。基隆河自行車道輕劃而過，小小的碼頭停泊了小舟與龍船，往日繁華與今日冷清，不可同日而語。

4 社子島堤頂自行車道

N25 06.187 E121 28.978

環社子島一圈大約有十公里路程，距離剛好不長不短，適合慢騎也適合輕量運動。自然景觀與山河風情沿著車道二側分布，不必太多的人工設施，略高的堤頂位置就可以眺望大地之美。

6 社子島溼地
N25 06.794 E121 29.423

看見蘆葦迎風搖曳，水與綠交接的潮間帶常聚集許多鳥類棲息，除了可以看見水鳥與候鳥生態外，水生動植物更是豐富。社子堤防上設有休息涼亭，面對著生態景觀常會有貼心的解說牌，可以比對溼地的生態環境。

8 圓山大飯店
無限供應美食自助餐

從捷運劍潭站過了中山北路，沿著登山步道，大約五分鐘路程來到圓山飯店的牌樓下。小山丘上眺望基隆河風情，大佳河濱公園映入眼簾。騎車累了，不妨慰勞自己，步入松鶴廳的西式自助餐，享用無限供應的美食。日式生魚片、壽司、牛排、熱炒，豐富又充滿了中國式的裝潢氛圍，還有無限量供應的甜點，讓身心與食欲都得到甜蜜的滿足。

地臺北市中山區中山北路四段1號

10 劍潭肉圓王
手工精製清蒸香嫩

打開竹製蒸籠，蒸氣源源不絕的從晶盈水亮的肉圓間冒了出來。這裡的肉圓與一般油炸的大不相同，多了一份清淡與滑順的口感，而且漫著誘人香氣。傳承南部潮州口味，使用在來米手工研磨，以特選瘦肉為內餡，經過高溫蒸氣炊熟的蒸煮肉圓，粒粒飽滿好味道。搭配老闆的特製日本味噌與大骨湯等獨家醬料，再加一點蒜泥、香菜提味，讓人一口接著一口停不下來。

地臺北市士林區承德路四段12巷38號

5 島頭公園
N25 06.615 E121 27.993

位在社子島自行車道中點，基隆河在此與淡水河交匯，站在水邊可以清楚眺望對岸關渡地區，關渡宮也在視野的不遠處。大多遊客會在此休息，遠望大屯山及觀音山靜靜地坐臥在淡水河畔。

7 社子大橋
N25 06.686 E121 29.748

社子大橋通車以後，單調的社子島添加了一點白色愛戀。自行車道可以直接騎上橋面，一覽社子島聚落與關渡及基隆河風情。白色斜張設計，以白鷺鷥與水鳥肢體語言抽象轉化而成，駐足橋上仰望，盡收自然藝術之美。

9 社子阿伯手工米棗
傳承75年的古早味

固定在每個星期六日開張，位置在社子島自行車道上，島頭公園邊的休息涼亭下。繼承於父親手藝的卓阿伯，以日本傳統方式製作米棗，外觀看起來與一般的沙其馬相似，口感更加酥脆，熱量只有沙其馬的九分之一，而且有很多種口味可以選擇。加了桂圓的米棗，淡淡的桂圓香伴著微甜輕脆的口感，好吃極了。另外，黑糖檸檬以純正黑糖加上新鮮檸檬汁，適合運動後補充水分。

地每星期六日，社子島島頭公園前

暢遊關渡平原
北藝大眺望壯闊臺北

關渡平原位在陽明山腳下，隔著淡水河與觀音山遙遙相望。大面積的綠地裡有稻田、水圳，還有夕陽灑落的金黃亮麗，映在臺北僅存的農漁人身上。三百多年前平埔族的凱達格蘭人稱呼這片土地為「Kantou」，如今離開市中心區，這裡是一大片讓人心曠神怡的城市桃花源。

貴子坑自行車道 暢遊關渡平原

自行車是暢遊關渡平原的最佳交通工具，貴子坑溪自行車道從北投中央北路穿越捷運地下道，直接進入開闊原野中心地帶。二點五公里長的車道被大面積田園與毫無遮攔的臺北風景包圍，每一次踩踏都能心滿意足的盡情呼吸，吸收大

Ubike 輕旅行路線

捷運北投站 → 12分 → STOP 1 2.3K 貴子坑溪自行車道 → 15分 → STOP 2 5.4K 關渡自然公園自行車道 → 10分

△坐在貴子坑溪自行車道的輕風中，滿心舒徐。

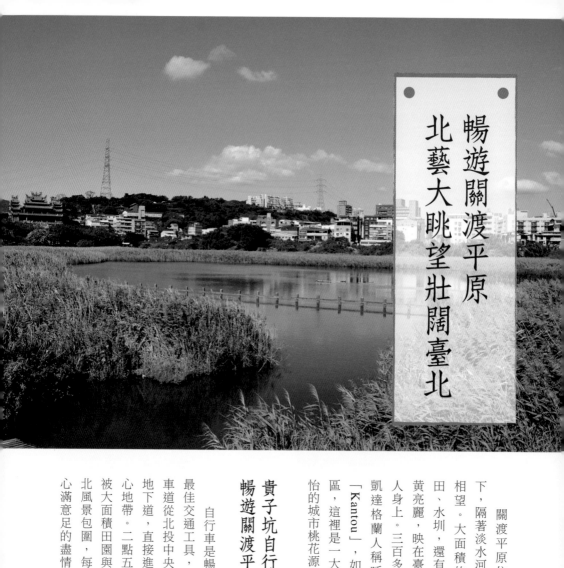

▶ 關渡自然公園自行車道，經過蘆葦環繞的水鳥保護區。

◀ 臺北最後的廣闊水田風光，平鋪貴子坑自行車道兩側。

自然的養分。

自行車道分居貴子坑溪兩側，去程與回程可以見到不一樣的風景，一邊是面對觀音山與基隆河，另一邊有大屯山與北投的城市天際線做陪。所以騎單車來不妨多繞幾圈，體驗不同角度的臺北盆地。道路比水田高約一層樓，俯視效果讓春綠秋黃的稻田顏色向遠處無限延伸，這種南部或花東才有的景色，很幸運的，只要踩著單車，就能輕鬆在關渡擁有。

慢騎著，享有美好的關渡平原貴子坑溪自行車道舒心景色，心海微微悸動，每一次漾起的漣漪，都是抿嘴微笑的喜悅。

關渡自然公園自行車道　生態美景中的騎行

沉浸田疇沃野大地風情，都還沒醒來，基隆河畔的關渡自然公園自行車道就出現眼前了。往關渡市街，自行車道略高於地面的短堤防上，左側有蓊鬱紅樹林、鳥類及潮間帶生態，右側有條小小的產業道路與堤防並肩而行，路過蘆葦叢間的賞鳥區，等待秋冬時分，候鳥南返臺灣時落腳關渡水岸。

自行車道以前是堤防，現在兼具防洪及休閒功能。吹著河風、踩著單車，不論帶著什麼樣的心情走過，微醺的水岸微風不著痕跡的輕拂過身旁，吹淨滿心塵囂；河道裡空氣清新，放情呼吸，把季節的氣息，都吸到身體裡，留住快樂，吐露沉悶。

關渡宮剛好在自行車道出口，主祀媽祖，為北臺灣歷史最悠久、香火最鼎盛的媽祖廟之一，關渡宮與北港朝天宮、鹿港天后宮合稱「臺灣三大

STOP 3　6.7K　關渡宮
5分
STOP 4　7.6K　關渡自然公園
20分
STOP 5　10.1K　臺北藝術大學
30分
15.6K　捷運北投站

△ 北藝大學生活動中心裡的惠蓀咖啡，被藍花楹綠意與遠眺的美景包圍。

一走進北藝大，舒服的大草皮與藝術作品迎面而來。

媽祖廟」。別忘了，請沿著三百多年建廟歷史，步上後山靈山公園，遠眺淡水河與觀音山，看夕陽西沉和那些被城市遺忘的景色。

臺北藝大　遠眺臺北與關渡平原

臺北藝術大學在關渡市街不遠處，騎上短坡，從中央北路轉進去就到了。學校裡的文學風景適合洗濯身心，路過大門，充滿藝術的作品隨處佇立，嫩綠的草皮迎面而來。山路直上校園中心，寧靜的空氣中偶爾響起整點鐘聲，敲醒潛藏心底那個無爭的學生年代。

校園裡有不少可以眺望關渡平原的地方，從鐘樓下方的小梯子登上關渡美術館後方觀景臺，平原熨貼臺北一方，綠色海洋外的城市，讓人由心驚呼。站在這裡，彷彿擁有整座城市的一天，而我們剛騎車走過的軌跡，貴子坑溪、關渡自然公園都沉浸在無法形容的壯闊景觀裡。

慢步吧！停下單車，坐在藝大咖啡的藍花楹輕風下，今天，會是最舒心的一天。

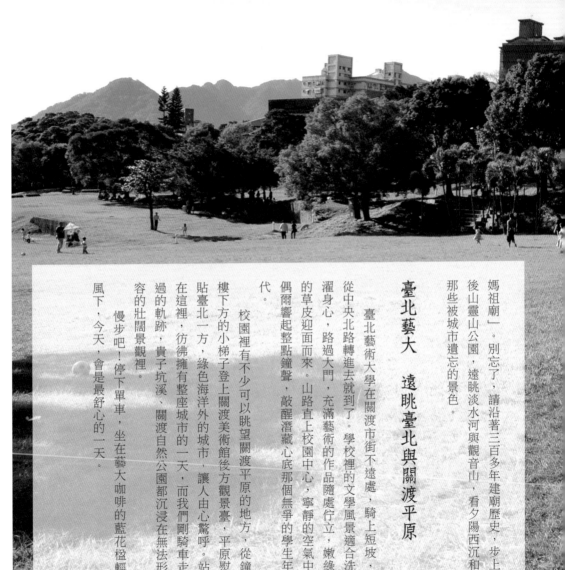

1 貴子坑溪自行車道
N25 07.844 E121 29.309

位居貴子坑溪兩側，連結北投中央北路與關渡自然公園自行車道。路線全程在關渡平原精華地帶，眺望開闊綠色田園直到城市交接處。騎行在層層綠意中，大屯山及觀音山也清楚呈現。

2 關渡自然公園自行車道
N25 06.886 E121 28.425

由早期的堤防改建，兩旁分別是紅樹林及水鳥保護區，潮間帶生態就在欄杆下方。紅樹林的水筆仔近在咫尺，整個潮間生態觀察區有幾公里長。附近是賞鳥的熱門景點，水鳥振翅高飛，掠過如畫。

3 關渡宮

N25 07.070 E121 27.856

中港溪碼頭前，沿山勢而建的關渡宮已有三百多年歷史了。後山上的靈山公園是眺望大關渡溼地的好地方，夜幕低垂前還能等待享譽百年的關渡夕照。參觀或祈福後，別忘了下方知行路轉彎處的鹹鴨蛋與美食街。

4 關渡自然公園

N25 07.177 E121 28.162

經過保育人士多年努力，關渡自然公園於民國八十五年由臺北市政府劃設，擁有面積不大的展場，陳設關渡人文及溼地主題關懷。每逢星期假日舉辦當地生態導覽及解說，讓關渡地區的種種，深度呈現。

5 臺北藝術大學

N25 07.990 E121 28.228

關渡捷運站前的山坡上，校園內充滿創作的精神與文化氛圍，景色優美散發著悠閒的學術風。可以推車上山，然後找到鐘樓下方關渡美術館後方的眺望點，盡收關渡平原與臺北城市大地之美。

6 北藝大裡的惠蓀咖啡

美景中水果鬆餅咖啡香

屬於阿拉比卡品種，民國二十五年日治時期引進栽種，隸屬中興大學的惠蓀林場，以學術教育研究為主，優良咖啡品質得過世界農產評鑑銀質獎。採用塞風壺煮法，讓口感溫和有勁、苦味恰到好處，滑過喉嚨深處自然回甘。現在北藝大面向關渡平原的美景前就喝得到。午後，來一盤水果鬆餅，淋上香醇蜂蜜，酸酸甜甜的滋味與遠眺的風景，搭配成最美好的午茶時光。

地北投區學園路1號／北藝大學生活動中心一樓

7 楊家牛肉麵

抄手乾麵沙茶香

中央北路上的平價麵店，隱藏著讓人回味再三的麵點，更清楚的說這味抄手乾麵，應該是沙茶乾麵加上鮮味十足的抄手。翠綠的白菜加上濃香的沙茶醬，再淋上一點滷肉，整碗乾麵香氣十足，濃郁夠味，抄手有畫龍點睛的清爽滋味。雖然看似簡單，口感卻是多層次的。來到楊家牛肉麵，建議不點牛肉麵，嚐嚐特別的抄手乾麵。

地臺北市北投區中央北路四段517號

8 胖老闆丼的專門店

各種丼飯新鮮手作

現點現做讓餐點上桌速度有點慢，不過本著新鮮原味堅持，每一道料理都是上上之選。店裡的人氣必點漢堡排丼飯，經常一下子就賣完，也可以試試如豬排丼飯或親子丼飯，日式滑蛋香嫩順口，與香酥豬排配合得天衣無縫，整碗充滿撫慰人心的專業水準。附送的黃金泡菜，微辣、微酸、微甜，有了它丼飯的口感更上層樓。

地臺北市北投區中央北路三段18號

芝山岩文化健走
洲美回歸自然的心

雙溪河畔的小山丘，大約五十公尺高，堆疊著芝山岩文化從遠古至今。雨聲街、至誠路圍繞蓊鬱山林，自然步道綠蔭穿梭，騎單車、閒步慢行，像翻閱一本厚重有料的小說。累了，坐在樹下喝茶聽風，然後沿著雙溪自行車道，賞花吹河風，找尋回歸自然的心。

拾級而上惠濟宮 慢步芝山岩文化

沿著至誠路而來，環繞山邊騎行，首見惠濟宮牌樓。這時不妨停下單車，數著階梯而上，穿越三級古蹟「芝山岩西隘門」，城牆般的建築訴說漳泉慘烈械鬥。沒幾步路便登上山頂的「惠濟宮」，兩百多年前為紀念唐朝武戰神陳元光將軍所建，後又將芝山岩寺與文昌祠三廟合一供

Ubike 輕旅行路線

捷運芝山站 — 10分 — STOP 1 1.1K 芝山岩文化史蹟公園 — 步行 10分 — STOP 2 惠濟宮 — 8分 — STOP 3 2.0K 芝山文化生態綠園 — 12分 — STOP 4 3.3K 雙溪河岸自行車道

里程：10.5KM　旅行時間：半天～一天

▷ 芝山岩的小山丘下，有自然步道可繞行芝山岩一圈，生態加上文化慢步。

◁ 雙溪河岸自行車道，常有不經意心動美景。

奉，於一九八五年成為國家三級古績。短短的山路，走過芝山岩數百年歷史，好似穿越時光隧道。

山上步道有老故事，山下繞著芝山岩環形山丘騎車，還有「芝山岩文化史蹟公園」看「考古探坑展示館」三千多年前的文化層；逛進名山公園，「芝山合約碑」記載一段往事；「芝山文化生態綠園」步行上山了解考古地質、生態解說；遇見石頭公園前的「芝山巖文化遺址碑」，提醒我們，時時放慢腳步，體會往身後奔走而過的每一幕風景。

名山公園邊上的雨農橋，剛好連結雙溪自行車道的入口，跟著河流往下游移動，探訪洲美社區的舊雙溪河道。

輕騎雙溪自行車道　探訪洲美水美九份溝

九份溝在地圖上標記為五分港，早年雙溪河水川流至此與基隆河交匯，因人為改道，留下目前舊有河道。附近是臺北市少見的稻田及村莊型態聚落，從洲美街旁轉進來，彷彿走入某個鄉間。除了一些舊有民宅外，就是鐵皮工廠，鑽進洲美國小前的小巷，眼前突現水田景色，初來乍到者難免驚呼！劃開幕幕田間四季，再往前一點就能沿著五分港自行車道慢步了。

五分港自行車道沿著五分港溪蜿蜒，部分路段以高架方式跨越水面，位於城市邊陲，還是得帶著人群製造的汙水川流而過。攔水壩邊解說牌寫著：「洲美水美九份溝，屈原客旁伴龍舟，汾陽宮外戍棧道。祂們都是洲

20分

STOP 5 6.1K 洲美社區

6分

STOP 6 7.0K 洲美水田

5分

△ 埃及聖䴉徐行洲美田園早春。

STOP 7 7.4K 五分港自行車道

20分

10.5K 捷運唭哩岸站

九份溝的苦楝花季是當地最美的季節。

美里民的守護神。舊雙溪河的攔水壩前一泓碧水，林蔭深處的九份溝，紫色苦楝花，紅桑椹果，金黃色稻穗，四季更迭，彩繪大地。時間長河在這裡，孕育出水美文化，只能意會很難言傳。」大致上可以了解洲美里與九份溝長久以來的深厚情感。

冬去春來好迎夏　五分港自行車道體驗自然變換

如解說牌所言，春天苦楝花景是九份溝的特色。紫色小花每年四月到五月綻放，整個九份溝區域都是苦楝花香，輕漫在花朵盛開的水邊，馨香與春彩一起滲入心中，到了那個時節，洲美的旅行特別有味道。隱藏在水邊另一項自然美景，灑了一地的烏桕紅葉。這棵烏桕樹約有十幾公尺高，生長在九份溝水邊，它的位置依照經驗法則大多出現在水近處，如關渡堤防和一些山溪旁，都能看見烏桕蹤影。葉略呈菱形，入秋後轉綠為紅，入冬後鋪滿自行車道。烏桕葉子比楓葉多了一點光滑，循著大自然規則，帶了點豐富善變。形狀既方又圓滑，添上冷涼色彩，深淺交織出美麗顏色。五分港自行車道上騎行單車，只要不偷懶，一定會在冬日時分，踩過層層交疊的紅色地毯，陽光伴著冬葉散落，抬頭深呼吸，感動，俯拾皆是。

五分港自行道的烏桕，灑落一地冬天的顏色。

2 惠濟宮

N25 06.187 E121 31.846

由至誠路惠濟宮牌樓拾級而上，將走進芝山岩文化史蹟公園，三級古蹟惠濟宮佇立五十公尺高的山上，放眼士林地區雙溪河流域。親山步道連結芝山岩上的文化史蹟，適合全家親子同遊。

4 雙溪河岸自行車道

N25 06.003 E121 31.811

從芝山岩附近的雨農橋連接河岸自行車道，不論騎行左岸或右岸都能體驗雙溪的小河靜謐氛圍。沿途綠意盎然、野花或園藝花朵自然風格。因為河道不寬水流平穩，輕風徐來景色優美，騎車的感覺更加自在。

1 芝山岩文化史蹟公園

N25 06.168 E121 31.817

走過長長的上山階梯，石城般的隘門充滿歷史古意，芝山岩隘門是十九世紀漳州人為防範泉州人進犯所興建。過往已然消逝，經過石造隘門再走過一小段山路，便走入現在的悠然山林與惠濟宮前的山頭清閒。

3 芝山文化生態綠園

N25 06.264 E121 31.918

芝山文化生態綠園早期為軍事情報局彈藥庫，後由臺北市府接手整修，規劃教育及休閒遊憩空間。園區內像一座秘密寶庫，慢步水生池、生態暖房、野花園、植物區等與大自然近距離接觸。

5 洲美社區
N25 05.938 E121 30.399

臺北市少有的鄉間聚落，雖然夾雜著不少鐵皮工廠，但洲美街卻像鄉下小路，人車稀少節奏緩慢。社區內有一座全臺唯一的屈原廟，端午節、端午文化季都會在此舉辦活動，不少國外龍舟隊也會組團參加比賽活動。

6 洲美水田
N25 06.173 E121 30.167

洲美國小前的小路往裡走，大面積的田園風光豁然開朗。水田的顏色跟著時序變換，春夏一片綠油油的稻田向遠方延伸，秋冬收割後的暖色調堆起動人豐收情節。臺北市的水田美景，與遠方洲美焚化爐煙囪，相映成趣。

7 五分港自行車道
N25 06.427 E121 30.332

五分港自行車道大部分以木棧道方式越過田園與溪水，高大的苦楝樹影與朝陽一起傾落。秘境裡的自行車道，覽盡洲美地區精華風景，賞苦楝花朵、看野鳥徐行，五分港溪上聞著鄉下的味道，體驗回歸大自然的心。

8 洪樓小館
蜜汁排骨與絲瓜蝦仁小籠包

芝山站旁邊的小巷子裡，不怎麼大的門面，卻是源自鼎泰豐師傅的好手藝。最新研發的好料理絲瓜蝦仁小籠包，蝦仁與絲瓜的真心精華封存在略有彈性的麵衣裡，湯汁清甜帶著淡淡的薑味，彷彿每一口都在咀嚼大地陽光與清澈山泉。想慰勞辛苦的自己，可以再來一盤蜜汁排骨，微酥的外皮牽動著甜在心裡的小排骨，入口滿是幸福。

地臺北市士林區福華路153巷1號1樓

9 富村日式創意料理
平價定食清淡爽口

在至誠路上的日式創意料理，用餐空間乾淨清爽，還有著很親民的消費，一人份定食，價格經濟又能滿足運動後的飢餓。口味清淡，秋刀魚定食以火烤方式，抹上薄薄的日式醬料，完全不會搶走海魚該有的風味。其他的小菜也是道地的日式風味，一餐下來，飽足感十足清爽有餘。

地臺北市士林區至誠路二段82號

10 Faust Pizza
純手工拍打的窯烤風味

芝山岩惠濟宮牌樓附近，接近中午開張營業後，顧客接二連三的上門光顧。老闆以現做的方式，讓每個人都能看到Pizza的製作過程，從桿麵、拍打、上拋，最後鋪上滿滿的新鮮配料，放進身邊的烤窯，過程全部透明。出爐那一刻，誘惑食欲的Pizza香味，讓人難以抗拒。如果是素食主義，店裡也準備了好幾種素食口味，填滿想吃的心。

地臺北市士林區至誠路20號

城中篇

悠遊城市百年風華

號楷體

基隆河小旅行
雲淡風輕好舒心

掠過堤防，基隆河裡的天空總是雲淡風輕，堤外陽光老是灑落溫暖的會心微笑。那些年因為水患的苦痛，彷彿都跟著水天相映，煙消雲散了。

基隆河很長，從平溪那裡可以找到一些源頭小支流，哪天有空去平溪，注意草叢間小溪旁的立牌，上頭書寫著「基隆河源頭」，河水就是從礦鄉山巒裡發源，川流了好幾十公里，進入臺北市被堤防包圍。人們發現有河的城市最幸福，堤防區域裡的河灘地，漸漸的又開始被關愛，基隆河開始變美。河水邊，遊人的影子多了輕鬆，自行車道上適合放逐自我，單車輪轉踩踏可以恣意前進。

有河的城市幸福無比

民國七十六年饒河街夜市

Ubike 輕旅行路線

捷運松山車站 → 5分 → STOP 1 300M 饒河街夜市 → 5分 → STOP 2 750M 彩虹橋 → 10分 → STOP 3 2.0K 彩虹河濱公園 → 15分 → STOP 4 5.4K 美堤河濱公園 → 15分

里程：16.7KM　旅行時間：半天～一天

▷基隆河自行車道經過許多特殊造景的橋梁（大直橋）。
◁彩虹橋的夜色光燦迷人。
▽基隆河雲淡風輕、恣意放輪身心舒徐。

重新規劃再造，從此冷清的饒河街，四點以後只有燈火耀眼與攤販的叫賣聲，以前夜晚可以通行車輛，現在人潮如織、舉步維艱，想騎著Ubike逛夜市也力不從心，停在巷口或是直接吃完美食，再溜進基隆河乘風追逐，或許會比較稱心如意。饒河街夜市的巷子底，剛好接上彩虹橋下水門。過了馬路與堤防，景色如河流一樣緩慢舒心。

離開市區，基隆河裡清淡舒爽，比起夜市擁擠悶熱多了一份閒情逸致，專供行人與單車慢行的彩虹橋，扭曲著橋身，橋面蜿蜒在河水上，抬頭，紅色的橋柱彎成藍天白雲的心。過橋是一種享受，沒有隆隆的車陣聲，也沒有刺鼻的油煙，只剩下閒步的聊天聲伴隨著單車踩踏輕響。往上游通往南港，往下游匯流淡水河，內湖到士林河段，有好幾座拱橋，從圓心抽出美麗的幾何弧度，架在河水上，天天倒映著雲影天光，想成水與天圓滿的微笑。沿著基隆河往下游騎車，每一座橋的影子都有歡喜的溫度。

河濱公園手牽手　伴河水轉彎

右岸有兩座帶狀河濱公園手牽手伴著河水轉彎，彩虹河濱公園仰望麥帥二橋，美堤河濱公園看大直橋投影基隆河水波心。白色的雲游移藍色天空，綠色草皮鋪成畫布，等城市疲累的心掠過狂妄的筆觸，帶回心平氣和的舒坦。內湖這邊的河岸有夕陽做陪，踩著黃昏的影子，等對岸落日照亮自己，用緩慢的基隆河時間，咀嚼濃郁暮色，染了一身金黃與河風的味道，心裡的重量反而輕了。

腳踏輕盈越過大直橋，橋上暮色低垂，即使沒有燦爛落日，也能擁有

捷運南京三民站 15.7K　15分　STOP 7 13.9K 觀山河濱公園　15分

△許多運動設施，讓迎風河濱公園充滿運動風格。

STOP 6 10.5K 迎風河濱公園　8分　STOP 5 8.8K 大佳河濱公園

大佳河濱公園是眺望圓山飯店的好地方。
基隆河右岸擁有左岸的城市夕陽。

淡藍滿天。截彎取直後的河道更加寬廣遼闊，天色轉換的過程常泛起純藍色調，添上幾朵雲彩，是一天裡最美的清淡時刻。慢步雲影天光，整個城市都淡了。

大佳河濱公園就在橋下，綠色草皮如浪起伏，隔著花圃、基隆河，眺望圓山飯店的最佳角度應該就是這裡了。往下游騎行，可以翻閱三腳渡的繁華歷史、走進社子島的過往情愁。往上游，掠過迎風河濱公園草皮綠浪，觀山河濱公園等夜色降臨，微笑的橋燈點燃美麗的希望。基隆河白天雲淡風輕，夜色昏黃時街燈帶路，照亮走過充滿感動的心旅行。

以愛為主題，彩虹橋充滿幸福。

1 饒河街夜市

N25 03.055 E121 34.658

目前是各國觀光客來臺必遊景點，幾百公尺長的饒河街，下午四點一到，攤販準時擺出琳琅滿目的美食。東側入口的慈佑宮有松山媽祖廟之稱，經過廟前夜市牌樓，輝煌燈火伴著人聲，點燃夜色。

2 彩虹橋

N25 03.134 E121 34.600

饒河街的小巷子走出來，正對基四號水門彩虹橋引道，專供單車及行人通行，橋型優雅曲線流暢，連結基隆河左右岸，休閒及通勤多功能使用。略為蜿蜒的橋面走起來特別有意思，清晨或黃昏，時時刻刻與天色相映成趣。

3 彩虹河濱公園

N25 03.535 E121 34.359

沿著右岸往下游騎行，彩虹河濱公園內風景優美，麥帥橋與麥帥二橋跨河而過。這幾座橋都有自己的特色，用自然的拋物線，沉出美麗的水天相映。河濱公園裡適合各種休閒活動，也適合坐著冥想。

4 美堤河濱公園

N25 04.491 E121 33.581

悠閒的步道劃過大草皮，就算不是假日，也有許多人來此放逐城市久居的心。大直橋在遠方，簡單的顏色水天相連，基隆河之美不是燦爛奪目，而是略施薄粉的清淡。

5 大佳河濱公園
N25 04.471 E121 32.224

大直橋下與迎風河濱公園相鄰，假日休閒活動人潮不斷，花景與河水鋪陳眼前，這裡是遠看圓山飯店的眺望點。河畔還有大佳碼頭，通往其他水岸的航線依照潮汐開船，不遠處的水門外，可暢遊林安泰古厝及花博公園。

6 迎風河濱公園
N25 04.477 E121 32.963

小路蜿蜒、綠地開闊，從大直橋下延伸到觀山河濱公園。一路上有棒球場、高爾夫練習場，自行車道景觀特別有運動風格。騎累了，隨意找個角落坐下，看景吹河風，單車旅行自在愜意。

7 觀山河濱公園
N25 04.081 E121 34.165

夜色降臨時最是讓人沉醉，觀山河濱公園上同時欣賞麥帥橋與彩虹橋夜色，街燈照亮每一顆奔馳的心，溫暖的餘光向四方投射。河岸上看橋景燈火點點，入夜前微光張開深藍色背景，美麗十分。

8 紅豆泡餅
難忘臺灣老味道

招牌上掛著各種口味，紅豆湯泡餅、花生湯泡餅、煉奶湯泡餅。老闆娘從鍋裡挖起一大勺紅豆，放進泡餅，熟練的淋上紅豆湯。熱騰騰煙霧暖意從皮膚往心裡流動，寒冷的午後有一碗想念中的紅豆泡餅，好溫暖、好幸福。熟透卻不軟爛的紅豆在口中香味瀰漫，粒粒分明口感紮實。原本白白胖胖的泡餅，深陷紅豆湯裡不能自拔，泡餅與紅豆香味融合成另一種美好味道，鹹鹹的餅、甜甜的湯，原來是一種古早味道。

地 臺北市饒河街106號（饒河夜市內）

9 戴家福建涼麵
民生社區四十年老味道

離民生東路圓環不遠處，戴家福建涼麵經營四十幾年來，一直是附近居民的最愛，有時路過，都會停下腳步來一碗。涼麵口感較為Q彈，加上特製的麻醬汁，吃起來特別有味道，還可以加上榨菜肉絲，更豐富原本單調的涼麵。冬天不想吃涼麵嗎？不同於一般涼麵店，這裡也有熱食湯麵供應，滿足不同季節需求。

地 臺北市松山區富錦街427號

10 油頭小吃
什錦炒米粉獨樹一格

隱藏在巷弄中，沒有特別顯眼的招牌，有舊意的公寓下窗明几淨。雖然只是不起眼的熱炒店，在民生社區裡也賣了二十幾年，可見受歡迎程度一定不差。其中有一味什錦炒米粉，別處一定吃不到，豐富的配料與米粉快炒，讓原本傳統味的炒米粉，吸收了鮮美的材料湯汁，一入口除了米粉香味，更美妙融合著五彩的精華，從清淡到濃郁。好吃極了！

地 臺北市松山區民生東路五段144巷16號1F

敦化南北路 欒樹樟樹步道森呼吸

臺北市敦化南路林蔭大道，非常適合散步騎車。九月秋風吹起時，臺灣欒樹總是會準時開花，為林蔭濃密的安全島上，增添秋色。

敦南欒樹步道 夏涼綠秋暖黃

欒樹林位在敦化南路的分隔島上，從基隆路向北延伸，一直到信義路口。長度約兩公里左右，寬度十來公尺，東西兩側快車道上各有一條欒樹綠帶。樹下鋪有蜿蜒林間小路，彎彎曲曲的在林間迂迴，閒步而過，有如在森林裡慢步。步道邊擺著木條板凳，走累了、騎累了，隨意坐在林間，幾分愜意上心頭。看著這些景致在綠林中呈現，更有一種悠閒的氛圍，不自覺漫開來。

夏天欒樹林充滿綠意，分隔

△騎著Ubike掠過敦南樟樹林裡的公共藝術。

Ubike 輕旅行路線

捷運六張犁站 → 5分 → STOP 1 600M 臺灣欒樹林 → 1分 → STOP 2 700M 遠企購物中心 → 12分 → STOP 3 2.1K 敦南樟樹林

里程：6.1 KM　旅行時間：3.5 小時

▶ 敦北樟樹林步道簡直清涼，像森林慢步。
◀ 入冬後，站在敦化南路的大樓上，眺望欒樹綠帶已染上蘋果紅彩。
▼ 秋天走過欒樹步道，灑了一地小黃花浪漫。

島上種植密度高，盛夏時分，林下抬頭，幾乎是不見天日的蒽鬱。滿眼綠意，常為酷熱的暑氣，添上幾分清涼快意；最美麗的景色，應該是秋風漸起的時候，臺灣欒樹會開出黃色小花。隨意站在路邊凝望，樹梢像是覆了一層黃色雪花，向遠處眺望，這條亮黃花帶，好遠好深，濃濃的秋色，都掛在樹上了。而樹下正落著花雨呢！秋風一吹，小黃花朵朵落下，像雨，秋天的細雨，落在小路彎彎的步道上、落在缺少遊人的板凳上、落在想留住腳印的草皮上、落在臺北城市的秋意裡，也落在慢步閒騎的季節詩意！

清香漫過踩踏聲　敦北樟樹步道

經過敦化北路樟樹林，四季陽光與洗練的黃葉，一起跟著涼風灑落，步道、草皮上散布著光和葉的塗鴉。不經意地停下了單車，放下趕著過街紅綠燈號誌的催促，駐足這片不怎麼深遠卻十分綠意的樹林間，心也漸漸地慢下來。躺在心緒裡的寂寞因子，沿著步道在深棕色的樹幹間遊移而留下了，帶走的，是一季落英繽紛的街衢景色。

路過黃色的秋天，往北騎，陣陣綠意一年四季都伸長手臂歡迎城市的訪客。從信義路到松山機場前，三公里綠帶，遍植樟樹，清涼的綠意、高大的胸襟，還有微微的樟木香氣，飄移在樟樹步道間。樟木綠帶有一種天然氣味，行走其間，恍若沐浴在大自然的香氛池子裡。有些老樟樹，舉起臺北擁擠的天空，充滿綠色意象。閒步而過，深褐色強壯粗大的樹幹，搭成一座森林似的隧道。穿越臺北城市中心的森呼吸，舒暢快意！

6.1K 民權復興UbiKe站
10分
STOP 5 4.6K 敦北樟樹林

▲ 沿著敦化南北路綠帶騎車，可以遇見許多城市建築與自然交錯的美景。

15分
STOP 4 2.8K 敦南誠品
6分

1 臺灣欒樹林
N25 01.493 E121 32.930

用最美的姿態，劃過敦化南路，夏綠秋黃鋪滿敦南林蔭大道。慢步樹下，有若在城市的綠色河流中擺渡。盛夏時分，綠蔭灑下清涼；秋風漸起的時候，小黃花如雨下，浪漫風情無限；冬末春初，落盡冬寒枝椏滿天，幾分蒼勁迎接暖香。間隔著快慢車道，樹林外車水馬龍，樹林裡小路蜿蜒，走過欒樹的春夏秋冬。

2 遠企購物中心
N25 01.567 E121 32.927

城市的風格怎能少了時尚的佐注。欒樹林邊上的遠企購物中心，引領流行時尚，地下室更有不少美食聚集。若是不想走進城市的枷鎖，站在廣場前，看水舞起落，人潮來來去去，享有臺北城市流行風格，也可以很自在簡單。每年聖誕來臨，水舞前會點上亮麗閃爍的聖誕樹，這時，欒樹的蒴果，已經泛紅了。

3 敦南樟樹林
N25 02.039 E121 32.927

才剛走過四季皆美的欒樹林，一過信義路，又是另一種樹林風情。高大的綠意迎風搖曳，城市的天空跟著自然的節奏搖擺了起來，空氣中瀰漫著微微的淡香，劃過微風，在樟樹林間遊移。結實又粗壯的樟樹，從信義路延伸到民權東路，綿長的綠帶，跟著城市一起呼吸，最適合單車慢步。

4 敦南誠品
N25 02.394 E121 32.951

林蔭大道旁的書香園地。Ubike可以先在對面的龍門廣場還車，慢慢的走過綠蔭清涼的敦化南路，踩進誠品書店裡，逛個半天，讓文化的溫度暖化思緒。然後，挑上一本自己喜歡的好書，坐在咖啡廳的角落，聞著咖啡香與文字的氣味，嘴裡香了、心裡也充實了，度過知性又慵懶的隨性日子。

5 敦北樟樹林
N25 03.275 E121 32.927

路過南京東路，樟樹林愈發的高大整齊。行走在林間，穿越層層綠意，抬頭仰望，淡藍色的天空交織著淺綠色的枝椏，風吹過晃呀晃的，美麗極了。筆直又整齊的樹林，向北伸展，遇見松山機場，再次抬頭，想飛的心還可以隨著起飛的客機，嚮往天空。

6 鰻屋烤肉飯
日式風味平民消費

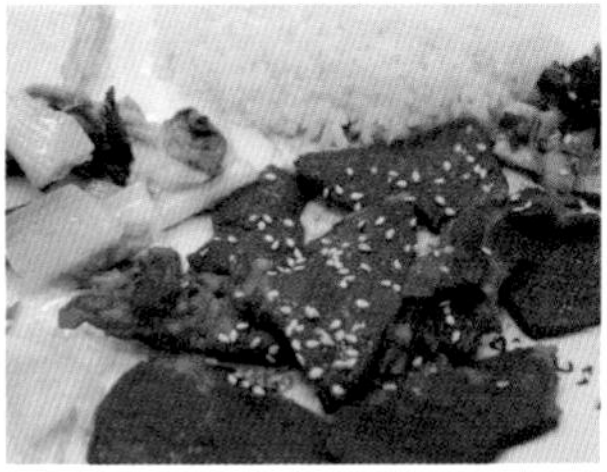

雖然只是簡單的便當菜色，卻包含了濃濃的日本風味。烤肉飯的主菜烤肉，塗上日式醬汁，再灑上芝麻粒，淡淡的火烤香氣平均沾附在每一塊肉片上，不油膩、不死鹹，清爽好入口。可以在便當店，吃到日式烤肉飯，真有賺到的感覺。其他如鹽燒鮭魚、照燒雞腿、蒲燒鰻魚，都以日式料理方式，滿足每一位客人。

地 臺北市大安區四維路136號

7 順成蛋糕
四十幾年精緻手藝

四十幾年的老店，一家以雜貨店起家，原料、美味及健康兼顧的經營理念，使順成蛋糕的口碑聲名遠播。店經理張小姐推薦的核桃派一定要嚐看看，沉甸甸的重量與厚厚的餅皮，散發著濃濃的椰子與奶香，紮實的口感充滿乾果及核桃的喜悅，每一口咬下都是幸福。另外還有一種歐式千層派，一層一層地把味覺堆疊，一定不能錯過。

地 臺北市敦化南路1段212號（忠孝東路4段口）

8 咖哩本色
厚切鮮嫩健康好味道

香酥麵包粉外衣緊鎖著鮮嫩多汁的豬排，一口咬下，先是薄脆的麵衣在雙唇跳躍，輕輕著地，軟嫩順口的腰內肉彈出淡淡的肉香，兩種不同口感在舌尖相遇，是一種難以言喻的美好關係。真的！不沾任何調味料，原汁原味腰內肉豬排最能吃出新鮮嚴選的食材天然美味。想吃得華麗一點，沾上這裡的特製咖哩醬，簡單的炸豬排不可思議的充滿無限可能。

地 臺北市松山區敦化北路155巷16號1F

9 李掌櫃精緻乾拌麵
乾麵多樣化吃法

隱身長庚醫院後的小巷子裡，店裡的陳設與桌椅多了一點整齊與清潔。餐點也經過設計，略為精緻的擺盤方式，讓味覺升級不少。招牌美食，牛肉麻醬乾拌麵，濃郁的麻醬汁吸附在舌根上，久久不能散去，讓味覺的享受更長更久。再加上爽口的小黃瓜及蛋絲，層次分明。切片的滷牛腱，豐富整盤拌麵，美味極了。還有你想不到的菜單，酸菜肉絲乾拌麵、功夫乾拌麵等。

地 臺北市松山區敦化北路199巷2弄11號

悠閒逛花博公園
秘境看飛機起落

Ubike 輕旅行路線

- 捷運行天宮站
- 10分
- STOP 1 晴光市場 1.4K
- 8分
- STOP 2 舞蝶館 2.7K
- 2分
- 原民館 2.9K
- 2分
- 美術館 3.2K
- 2分
- STOP 3 臺北故事館 3.2K
- 6分
- 新生公園 4K
- 3分

里程：8.1KM　旅行時間：4.5 小時

▷賞花散步，花博的餘溫不斷。
◁花博原民館，展現臺灣原住民文化。
▽以綠能為主要設計理念的未來館，臺北典藏的大自然植物園。

二〇一〇年臺北國際花卉博覽會，讓沉寂許久的圓山地區又再次甦醒，人潮不散欣欣向榮，花博的餘溫一直延續到今天。大部分的展場都留在原地，整合為面積廣達四十多公頃的花博公園。現在逛進花博公園，少了擁擠人群，更能自在悠遊。

騎遊花博後的幽靜之美

圓山捷運站往西周遊大龍峒歷史過往，往東走，花博繁華落盡後的悠閒氛圍迎面而來。中山足球場外的農夫市集，每逢假日，帶來臺灣各地的優良農產，逛一趟市場就像走過臺灣各地。

跨過中山北路，沿著楓香綠蔭慢步，舞蝶館張開曲面屋頂，化身蛹之生的奧秘。站在館下仰望生生不息的張力，與花朵共舞四季變換。原民館裡的音樂響起，來自高山的聲音，迴盪在園區裡，看見蘭嶼的陽光漸漸昇起，獨木舟隨波擺動的美麗曲線，似有說不盡的故事。沿著中山北路，花博會館和美術館及臺北故事館，形成一條小而美的旅程。

轉進新生北路，新生公園裡的夢想館、天使生活館、未來館，還有更精彩的花之文化等待探訪。記得一定要到林安泰古厝民俗文物館，這座因敦化南路拓寬被拆除，幾經波折保存於濱江街的兩百多年古老宅院，亭臺樓閣、野石成趣，幾許荷香滲入古時光影，古色古香美妙極了。

STOP 4 4.3K 夢想館
4分
STOP 5 4.6K 林安泰古厝民俗文物館
12分
STOP 6 5.9K 看飛機秘境
8分
STOP 7 6.9K 榮星花園
10分
STOP 8 7.8K 行天宮
4分
8.1K 捷運行天宮站

林安泰古厝裡的建築與歷史，樣樣精彩動人。

濱江街秘境　看飛機起落

濱江街看似平凡甚至有點荒蕪，除了成排的的工廠在路邊進行生硬的作業，只剩高架橋上不小心落下的車陣聲響。

逛完花博園區，穿越高速公路涵洞，沒幾步路有一個小紅綠燈，轉進來是松山機場跑道端點。站在一處荒草搖曳的小巷子前，放眼望去，盡覽整個松山機場跑道，翠綠的草皮上開滿夏秋白茅，機場內的客機起落，成了最道地的航空背景。每一架起飛的班機，會等在跑道頭，等輕風吹起，白茅揮了揮手，起飛的姿態便清清楚楚的映入眼簾。往後轉個身，進場班機正演出一齣超震撼的臨場電影，看飛機遠遠的接近，漸漸的引擎聲倏地掠過天際，一陣前所未有的巨響，絕對是難以忘懷的親身經歷。

發現巷子裡的幸福美食

濱江街的小巷子離榮星花園不遠，曾經是小學生郊遊必訪之地，花木依舊、草皮還綠，高大的楓樹林子，適合散步奔跑。還記得，最初的那次奔跑嗎？偌大的大草皮閃爍著好多兒時的記憶，一晃眼入了秋，生態池裡的野薑花香漫過腳印，現在的散步，會成為明日的回憶。

沿著人行道走，臺北市香火鼎盛的行天宮香煙飄渺人來人往，許下一個美好的心願吧！再走進小巷子，吃一碗甜甜的黑糖冰，來一顆有愛情故事的泡芙，今天的Ubike旅行會很幸福！

花博園區現在正是悠閒細遊的好時候。

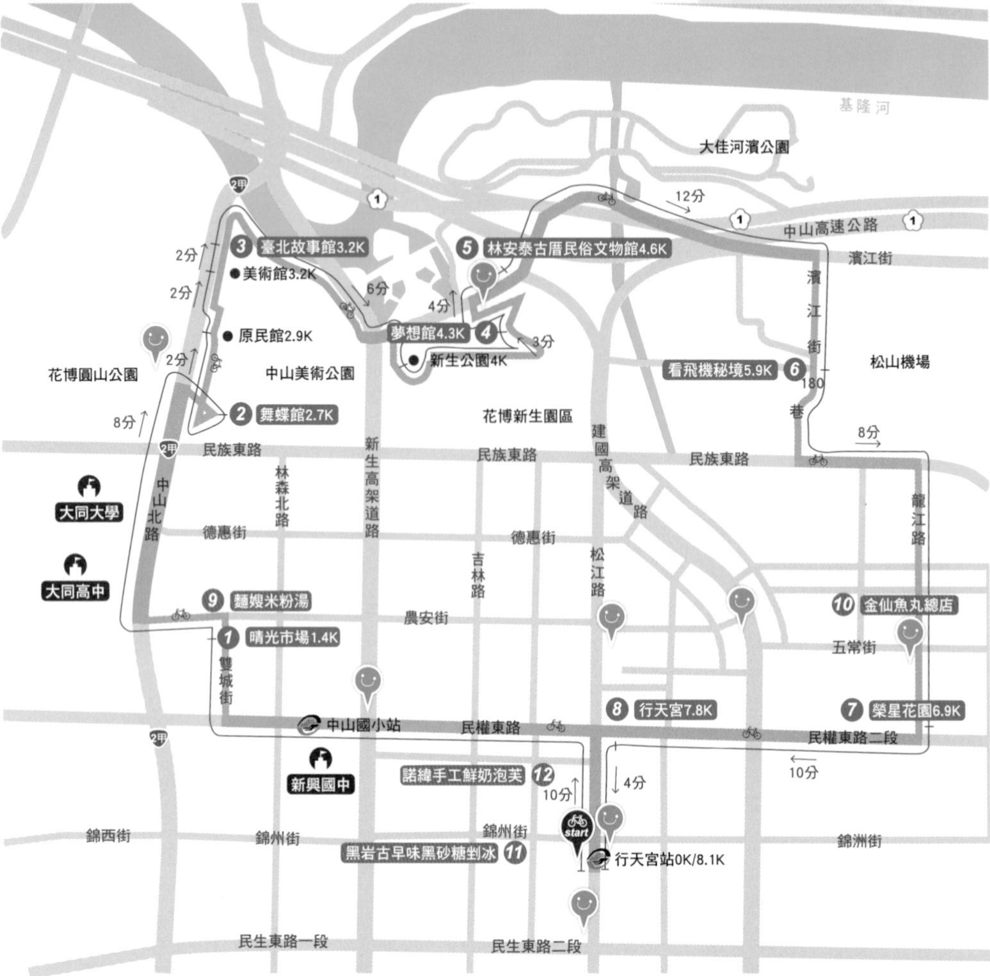

2 舞蝶館
N25 04.154 E121 31.459

造型就像是一個大竹籃子，站在館外以不同角度觀看，會有不同的體認。蝶蛹、瓢蟲、太空膠囊等皆能與自然結合，任憑想像，天馬行空。

1 晴光市場
N25 03.871 E121 31.452

轉進雙城街，除了最近整合完成的雙城夜市，最老牌的晴光市場出口就在路邊，市場與夜市連成一氣，這時不妨走進市場發現新玩意兒。

4 夢想館
N25 04.231 E121 31.859

新生公園裡分布著天使生活館、未來館；而夢想館延續花博的聲光影音外，更導入新式的行動應用技術，讓科技與花博創造個人展覽故事。

3 臺北故事館
N25 04.364 E121 31.463

臺北大稻埕茶商，於一九一三年日治時期在基隆河畔，建造這棟英國都鐸式風格洋樓。走在中山北路上，一定會被它美麗又特別的外觀吸引，現在是個迷你博物館。

5 林安泰古厝民俗文物館
N25 04.298 E121 31.818

從敦化南路拆遷至濱江街現址後，已過了將近三十年歲月。古色古香的華麗造景，是它不變的過往，宅院內展現美侖美奐的建築與風光歷史。

6 看飛機秘境
N25 04.213 E121 32.295

濱江街轉進小巷子，此處位於航道下方，松山機場一覽無遺，面對著跑道盡頭，臨場感受飛機起降的震撼。

7 榮星公園
N25 03.858 E121 32.426

早年叫做榮星花園，必須購票進入，是紅極一時的旅遊景點。現在為開放公園，樹成蔭、草翠綠，散步休閒都很愜意。

8 行天宮
N25 03.768 E121 32.005

從行天宮捷運站走出來，大約三百公尺遠，便是臺北市香火鼎盛的寺廟之一，也是臺北市的武廟代表，到此一遊可祈求平安幸福。

9 麵嫂米粉湯
與眾不同的粗米粉香

十多年來一直以米粉湯為主打料理，米粉以純米製作，而且比一般米粉更粗更飽實，自然能吸收大鍋裡的湯汁，吃起來不軟爛還有著米製品的彈性與香味。來店的客人大多會點經典套餐，一碗滷肉飯加上米粉與油豆腐，份量足、風味佳，十足的臺灣味。老闆有多年製麵經驗，所以對於米麵製品，有獨到的看法，大家都稱他「麵哥」。

地 臺北市雙城街16號之1

10 金仙魚丸總店
美味臺式排骨飯

龍江路上的金仙魚丸總店，口味最道地也最令人懷念，很多從小吃到大的朋友，一吃好幾十年，出國回來第一件事就是前來吃一碗難忘的排骨飯。以中式方法醃漬，再經過油炸，滿滿的臺灣風格，香、酥、甜，還帶著微微的酒漬香料味，入口即化，百吃不膩。還有白飯淋上了滷肉，整個排骨飯，充滿了美味百分百。

地 臺北市龍江路342巷25號

11 黑岩古早味黑砂糖剉冰
沖繩黑糖冰磚精製

店裡的冰磚以道地沖繩黑糖製作，所以一整盤的剉冰都是黑糖的香味，不論搭配任何店家親自製成的手工配料，都顯得入口濃郁好滋味。以自選配料為主的古早味剉冰，每一種食材都當天現做，豆花、紅豆、仙草強調新鮮，還有鬆軟的芋頭一定要吃。尤其在炎炎夏日，更能一解難耐的暑氣。

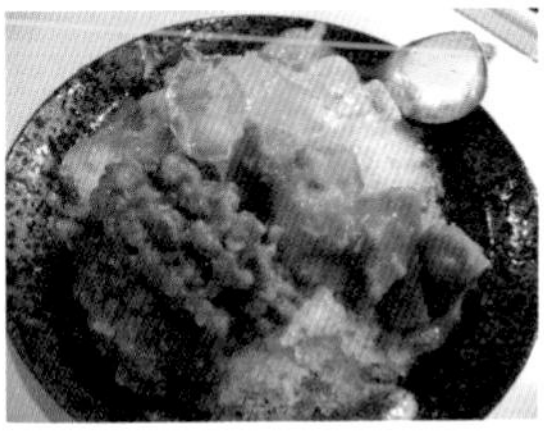

地 臺北市中山區錦州街195號

12 諾緯手工鮮奶泡芙
吃到水果好滋味

行天宮捷運站附近的小巷子裡，隱藏著一間泡芙專賣店，經過店門口，一定會被冰櫃裡琳琅滿目的泡芙所吸引。看起來色彩多變又美味可口，每種泡芙都夾著新鮮水果，還沒入口，視覺就已挑起味蕾的悸動。外皮略酥，再加上不甜不膩的奶油，遇上水果香甜，幸福又甜蜜的滋味，從味覺滲入了心底。

地 臺北市民權東路二段92巷1弄1號

騎單車逛街衢 看見大稻埕百年風華

遊玩臺北，一定不能錯過大同區，沿著淡水河岸劃過的弧線慢步，現代氛圍裡泛著古老微光。一條依然繁榮的老街與堤防平行，有若沒有交集的線條，從北到南穿越大同區邊緣。走過了才知曉，迪化街上夾道的老房子、舊牆飾是百年不變的守護。

慢步迪化街 舊意象新風景

迪化街的古老故事太多，一顆走馬看花的心，裝不下一步一抬頭滿載時光的生活藝術。從南京西路轉進迪化街，熱鬧的市集，依舊是這裡最美的風景。近年來，因為地方改造，老屋改建，一幢又一幢回到原樣的新屋子，像是成熟的年輕人，亮麗的外表有古樸的造型。

永樂市場對面的迪化街郵

Ubike 輕旅行路線

捷運民權西路站 → 6分 → STOP 1 600M 蔣渭水紀念公園 → 5分 → STOP 2 1.1K 大稻埕長老教會 → 3分 → STOP 3 1.3K 慈聖宮

△ 蔣渭水紀念公園展示著過往的歷史故事，緬懷臺灣先人的真情真意。

里程：4.1 KM　旅行時間：3 小時

▶走在迪化街上，每一抬頭，都能看見古老的美麗。
◀大稻埕慈聖宮前的小吃街，是此地必訪美食。
▼迪化街郵局，也跟著古意盎然。

局，老邁的外表，讓人誤以為是古蹟展示，初來乍到的生疏，心裡難免會心一笑。老街道有太多老店家，走在琳琅滿目的南北貨走廊間，遙想早年當街吆喝的豪情，彷彿還在廊下迴盪。紅磚牆一直守護著街衢，有些房子爺爺身體建壯，隨意走進店家，竟是百年以上的老資格了。

踩著單車劃過幾近擁抱天際線的老房子，隨意仰望，都是一種新發現。那些獨有特色，又不盡整齊的透天老屋，自成風格。其實，不必聽說太多歷史淵源，只要靜靜地佇立，便是翻閱一本撥開塵煙的舊書頁。

慈聖宮前嚐美食

走過迪化街的風華，騎著單車走進慈聖宮的百年歷史。古今交織，就如同附近街道，有著新舊並陳的況味。廟門外的小吃攤，也不知在這裡停留多少時間了，只知道，老主顧比新客人還多。選個板凳坐下來，隔壁大叔的點菜口語是不加思索的熟悉問安。

視線很容易穿透攤上的鍋碗瓢盆，直達慈聖宮古典傳統的建築工學，這些廟宇美學被局限在無法位移的框架中。廟門前有兩隻石獅，一公一母，守護著清朝至今的風雨飄搖。「你看，有什麼不同款？」坐在廟埕大樹下的阿婆重複著相同的話語。低頭細瞧，右邊的石獅腳下，躲著一隻小獅子。看見這巧心的設計，有股溫暖在心裡流動。

捷運大橋頭站 4.1K
6分
STOP 7 迪化街新天地 3.5K
8分
STOP 6 霞海城隍廟 2.7K
1分
STOP 5 迪化街 2.6K
4分
STOP 4 原周氏進春茶行 2.2K
10分

迪化街新天地前的老街長廊，有若穿越時光。

騎單車逛大稻埕百年風華

入夏了，民權西路捷運站後的大花紫薇，接住陽光暖意，夏意染上微微的紫花浪漫。騎上Ubike從樹下出發，掠過錦西街緬懷蔣渭水的故事，街角的大同分局已成古蹟，轉個彎，去看看大稻埕長老教會的詩歌和建築。

餓了嗎？慈聖宮前的小吃等著開伙送上好食欲。飽餐一頓，再逛逛迪化街上的古往今來。逛進古老的街道上發現新玩意，南北貨、打鐵店、竹編店，隨意走進滿是古早味的商家，開口聊個兩三句，都是讀也讀不完的百年歷史世代傳承！

走進迪化街與一些古老的行業相遇，隨口問問，竟有百年歷史。

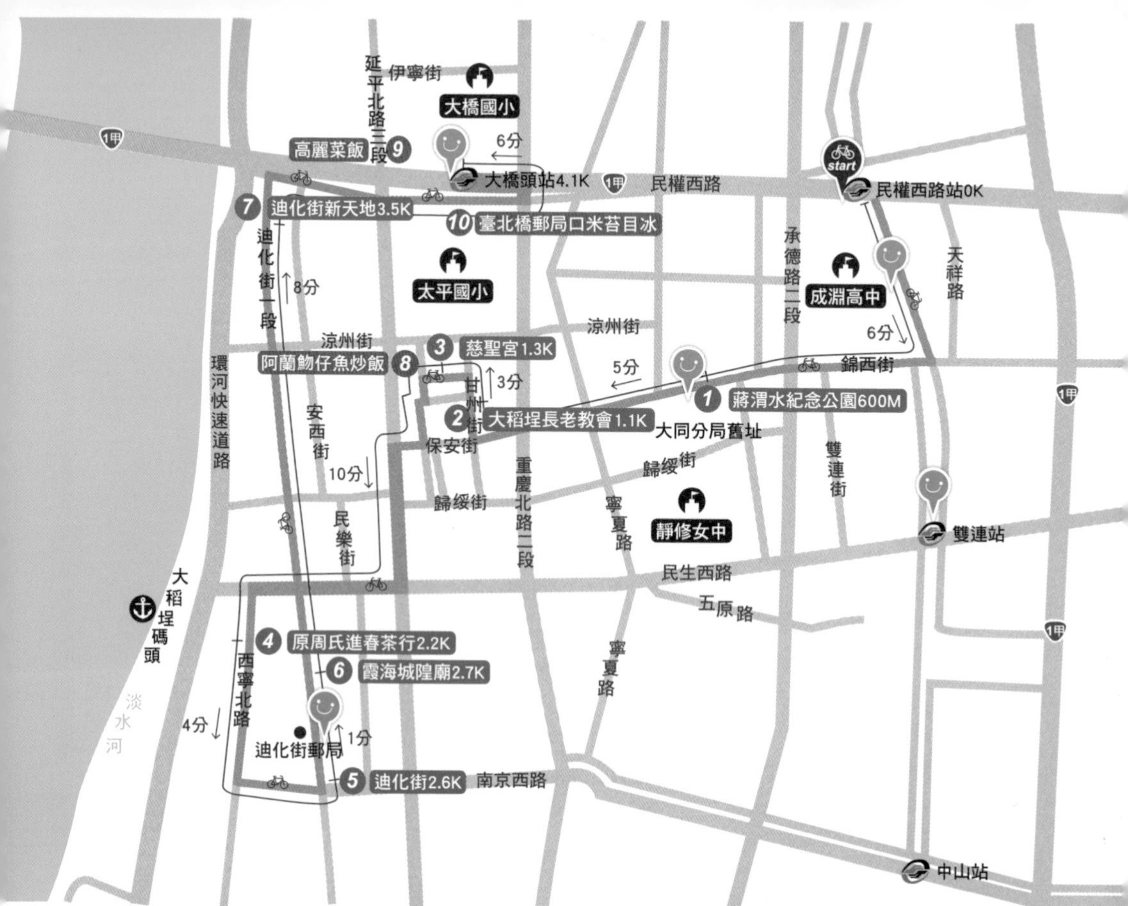

1 蔣渭水紀念公園

N25 03.591 E121 30.985

錦西街一隅，時光在此地停留，就像街頭巷尾對他的陌生感，沒有太多遊客，只有寂寥的陽光灑在公園裡。為紀念日治時期民族運動者、臺灣文化協會創立者蔣渭水先生，悠悠綠蔭間訴説著默默默耕耘的故事。

2 大稻埕長老教會

N25 03.585 E121 30.759

走在甘州街上，建於一九一五年的長老教會禮拜堂，總是引人駐足。雖然因破敗而重建，融合東方與西方建築藝術的外觀，在近代非常少見。這座教堂也是臺北地區僅存三座日治時期長老教會教堂之一，並且興建年代最為久遠。

3 慈聖宮

N25 03.611 E121 30.731

請記得走進慈聖宮，穿越古早味的小吃攤，尋找歷史的印記。慈聖宮俗稱媽祖宮，與法主宮、霞海城隍廟並列大稻埕三大廟，建廟歷史比臺北城更為久遠。抬頭、俯視，每一磚每一瓦都像它的歷史一樣精雕細琢。

4 原周氏進春茶行

N25 03.339 E121 30.549

周氏進春茶行見證了大稻埕地區的製茶時代，從迪化街的小巷子走出來，屬於進春茶行建築群的倉庫棧房，經過整建後乾淨清爽。後由臺原藝術文化基金會購得，進駐林柳新紀念偶戲博物館，紀念創辦人林柳新先生早年在日本販賣納豆維生的獨立精神。

5 迪化街
N25 03.294 E121 30.622

由南京西路二三九巷口延伸到民權西路，迪化街一段仍然保留著許多老建築及古老的行業，南北貨是最具有代表性的商業型態。仔細走來，一些即將沒落的傳統行業技藝，仍然存活在老屋子裡。打鐵店、竹編店，琳琅滿目的中藥、乾貨，跟著時光列車，開往未來停駐現在。

6 霞海城隍廟
N25 03.333 E121 30.601

小而精的廟體只有四十六坪，卻是大稻程地區的重要信仰指標，不論何時，廟前燒香祈福的信眾總是絡繹不絕。主祀城隍神像來自中國福建泉州同安縣霞城海邊，廟便以「霞海」二字命名。近年國外遊客必遊此廟，是臺北市少有英文及日文引導的傳統廟宇。

7 迪化街新天地
N25 03.768 E121 30.551

至迪化街底，民權西路交叉口附近，一整排連幢的老建築用新麗的面貌迎接路人。走在長長的亭仔腳，迪化街的舊事新意，都踩在腳下了。修整過後的老街屋舊意尚濃，穿過紅磚木門後是一棟大樓，兩相對映著古往今來的世代過程。

8 阿蘭魩仔魚炒飯
媽媽的家常好味道

在慈聖宮前賣了幾十年的魩仔魚炒飯，充滿媽媽的手作味。以水分較少又粒粒分明的濁水溪舊米，混合自製獨門醬汁，於高溫鐵板上現炒後，灑上用自製豬油、蒜頭快炒的魩仔魚，根本是從家裡餐桌搬到路邊的家庭好味道。店家很貼心的附上兩塊清爽醃蘿蔔，把整個炒飯的香味百分百地帶進口裡。

地 臺北市大同區保安街49巷17號
（慈聖宮前小吃街）

9 高麗菜飯
自然香甜

只要兩個十塊錢銅板，就能吃到清香甘甜的高麗菜飯，白米香與高麗菜的甜是那麼的搭配，每一口都有大自然的味道。老闆因為想要區隔市場，並且以健康為出發點，特別設計以高麗菜來炊飯。木製飯桶炊出來白米飯粒粒分明，菜汁滲入每一顆米飯中。雖然簡單卻美味。如果再加上一碗原汁排骨湯，填飽了肚子，也滿足了營養。

地 臺北市大同區延平北路三段17巷巷口

10 臺北橋郵局口米苔目冰
四十年手工好味道

四十幾年了，由第二代繼續經營的米苔目冰，搬過幾次家，但還是很受歡迎，甜在心的滋味就在民權西路的臺北橋郵局的巷子口。從愛玉到紅豆，還有招牌米苔目都是由老闆親自動手製作。由母親的手上接下生意後，也傳承了傳統小吃平價美食的一本初衷。炎炎的夏日時分，走過不短的迪化街，剛好轉個彎，來一碗清涼有勁的米苔目吧！

地 臺北市大同區民權西路250巷口
（臺北橋郵局前）

大龍峒周遊　千古儒沐春秋

從捷運圓山站騎上單車，沿著庫倫街往西走，入夜前的大龍峒散發著寧靜氛圍，經過孔廟前的樹蔭人行道，幾隻石雕小猴子玩著《論語．顏淵》篇裡的非禮勿視、非禮勿聽、非禮勿言、非禮勿動，為美好的旅程開場。

寧靜孔廟　儒沐春秋

大龍峒之旅的重點以孔廟和保安宮為主，但若騎行單車，遊程可以拉長一點，逛進巷子裡的文昌祠祈求考試順利，再前往延平北路上的老師府，讓歲月的浪潮洗淨蒙塵的心。

追溯歷史軌跡，大龍峒孔廟已經有一百多年歷史，當年特別請來修建艋舺龍山寺及新竹城隍廟的泉州工匠王益順，

Ubike 輕旅行路線

捷運圓山站 — 5分 — STOP 1 400M 臺北市孔廟 — 2分 — STOP 2 550M 保安宮

孔廟屬文廟，沒有門神以門釘為主。

孔廟南端庫倫街上，矗立著一座雄偉高大的朱紅色照壁萬仞宮牆。

保安宮維護整修有方，保存原來的建築裝飾與古典壁畫，令人驚豔。

擔任總工程師設計興建。從黌門走進孔廟，古老建築迎面而來，寧靜伴隨清風幽雅入心扉，簡單樸實的外觀並沒有太多的華麗裝飾，實實在在地呈現儒家簡單文學風格；黌門、禮門、萬仞宮牆及泮池、櫺星門、儀門、西廡、東廡、大成殿、崇聖祠、明倫堂、義路、泮宮，孔廟建築一一掠過眼前。孔廟南端緊臨著庫倫街，矗立著一座雄偉高大的朱紅色照壁萬仞宮牆，用來形容孔夫子的德行與學問廣闊高深，鼓勵求學者認真、上進，踏實學習是沒有捷徑可達。

孔廟裡可以走上大半天，細細地體會建築之美與孔子學問的博大精深。還有，別忘了到4D劇院，欣賞結合科技聲光效果的導覽影片。

古典保安宮　傳統文化巡禮

孔廟的前面轉個小彎，就可以看見保安宮了。雖是香火鼎盛的廟宇，並不會太吵雜，莊嚴肅穆清靜古老，一磚一瓦彷彿有說不完的陳年往事。保安宮主祀宋代真人保生大帝，因為創廟者來自中國大陸的福建同安，所以用「保安」二字，有保佑同安的意義存在。保安宮和艋舺龍山寺、艋舺清水巖被稱做「臺北三大廟門」。來到大龍峒，一定不能錯過保安宮。

兩百多年來，保安宮已經從一間木造小庵，發展為三殿三進式的三千坪大廟，目前又被列為國家二級古蹟。只要走進廟門，就可以感受到每一磚一瓦都是經年累月所寫下的篇章。石刻、石獅、花鳥柱、竹節窗、剪黏與泥塑及交趾陶、彩繪壁畫等，充滿在每一步的視覺裡。走過兩側長廊，陽光穿過磚柱傾落在有年紀的花窗下，香煙飄渺，古意瀰漫，每一顆祈求

STOP 3　550M　四十四坎舊址　0分
STOP 4　970M　文昌祠　5分
STOP 5　1.3K　老師府（陳悅記祖宅）　5分
1.7K　迪化運動公園　2分
3.5K　捷運圓山站　18分

◀ 沿著孔廟外圍散步，古意的外牆加上樹蔭，十分舒服。
▼ 樹人書院文昌祠，是許多考生祈求高中金榜的所在。
▼▼ 穿越保安宮左右紅磚長廊，走進時光隧道。

世事的心都期望如願以償。

周遊大龍峒　文教鼎盛的故事

孔廟及保安宮前的道路都鋪上石磚，範圍延伸至四十四坎舊址，沿著哈密街一直到重慶北路口，舊時的街景恍如百年，現在則是採買伴手禮的好地方。再往前，經過重慶北路鑽進小巷子，文昌祠（樹人書院）靜靜佇立。大龍峒的教育史及公學校的文教淵源，一直在此保留。到老師府看看吧！有些殘破的陳悅記祖宅古厝外表，掩不住臺北名儒陳維英一生致力振興文教，使大龍峒有「五步一秀，十步一舉」美譽的歷史況味。

周遊千古，儒沐春秋，大龍峒的文教氣息傳承至今，令人感動。騎過一段不算短的路程，剛好再回到孔廟旁的大龍夜市，品嚐味蕾的挑動吧！

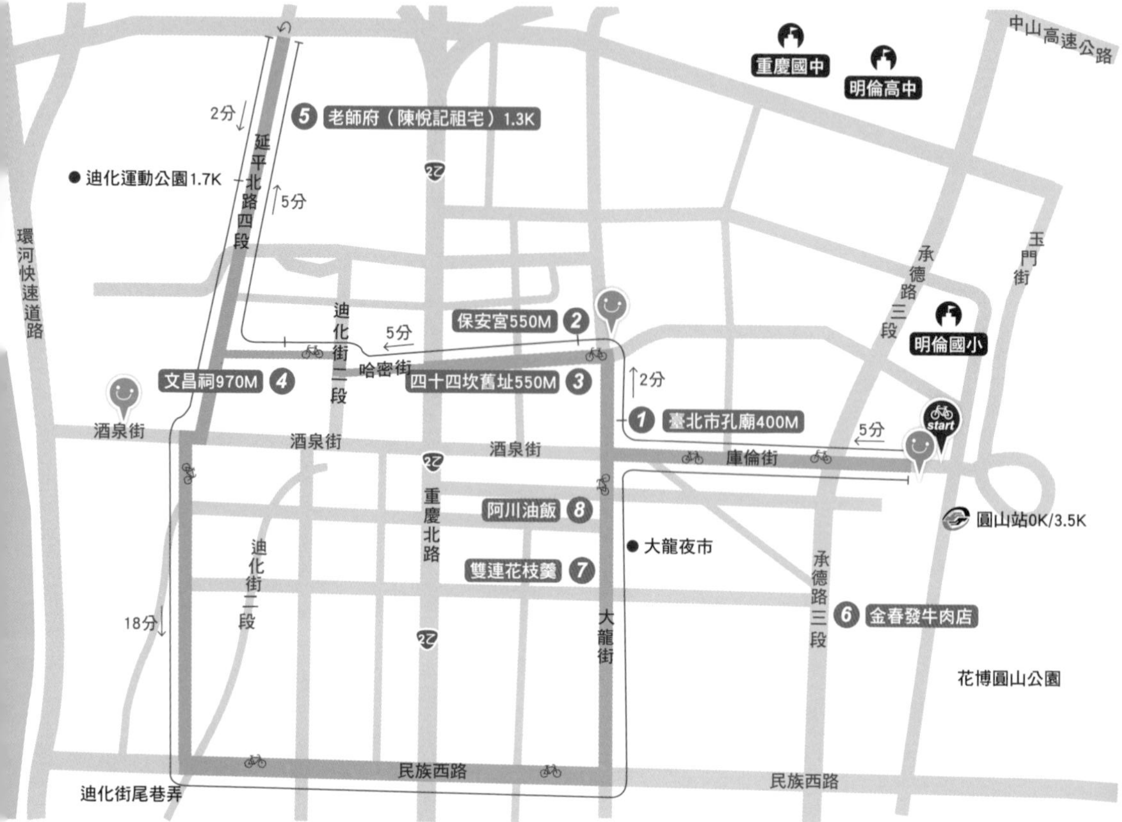

2 保安宮

N25 04.384 E121 30.930

主要祭祀保生大帝，因創廟者來自福建同安，所以取名保安，有保佑同安之意。目前為國家級古蹟，並且以傳統工法結合現代科技自費整修，整體呈現古老不變的樣貌。

1 臺北市孔廟

N25 04.345 E121 30.956

主祀大成至聖先師，為大臺北地區最重要的孔廟，也是臺灣每年舉行祭孔的場所。目前為臺北市之文廟代表，文廟及武廟均無門神，而是採用一〇八個門釘為主的廟門。大龍峒孔廟環境幽雅、寧靜，散發著文教書香氣質。

4 文昌祠
N25 04.381 E121 30.719

又名樹人書院，靜臥在迪化街二段三六四巷內，清朝時期是大龍峒地區學童上學的地方，後來在日治時期改置樹人書院文昌祠，流傳至今。現在每逢考季，考生多會來此，祈求考試順利上榜。

6 金春發牛肉店
炒咖哩牛肉麵

離圓山捷運站不遠的承德路上，也開了一家金春發牛肉店，一樣是承襲百年老店的絕佳風味，讓牛肉料理達到盡善盡美。牛肉麵已經是爐火純青，招牌炒咖哩牛肉麵更是拿手絕響，濃濃的咖哩香，拌炒過鮮美的牛肉片與油麵，讓牛肉的美味更豐富多變，口口挑動味蕾深處。

地 臺北市大同區承德路三段259號

8 阿川油飯
濃濃糯米香

大龍夜市的美食在白天也吃得到，阿川油飯不像臺灣傳統油飯，沒有太多的調味料，只有簡單的長糯米為基礎蒸熟的油飯，散發著濃郁的米飯香味。上頭會淋上特製的滷肉汁，糯米飯與滷汁合而為一，讓這碗油飯顯得既簡單又豐富。店家的四神湯算是招牌，但若是配上清爽的肉羹湯，更能突顯油飯的美味十足。再來小菜滷蛋一顆與油豆腐一塊，小吃也可以很有料。

地 臺北市大同區大龍街294號

3 四十四坎舊址
N25 04.378 E121 30.925

就在保安宮正門對面的人行道上，早年四十四坎的榮景，大約從此位置往西延伸到重慶北路的哈密街上。現在街道上鋪著石磚，店鋪多為經營有年的老字號。

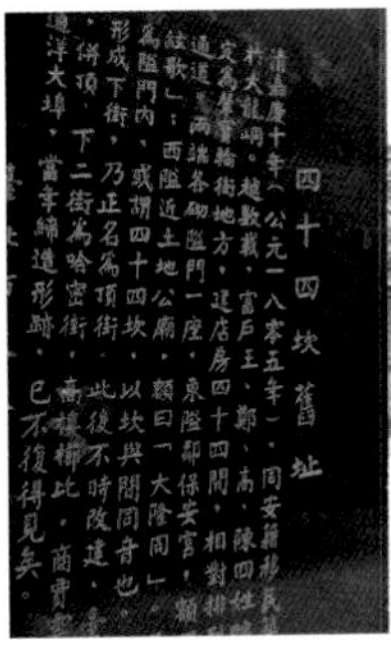

5 老師府（陳悅記祖宅）
N25 04.532 E121 30.712

臺北名儒陳維英的家宅，也是大龍峒地區清代文風鼎盛之代表。陳維英考中舉人後，一生致力於振興文教，因此大龍峒有「五步一秀，十步一舉」的美譽。

7 雙連花枝羹
招牌必吃大腸煎

雖然花枝羹為招牌主打美食，但在店裡卻隱藏著另一種美味小吃，大腸煎。不規則狀的外表，是因為不使用人工腸衣，而是以天然的豬腸充分清洗，沒有一點腥味。裡面的糯米軟綿帶著香氣，還加入油蔥及蝦米提味，米腸的好味道讓人流連忘返。

地 臺北市大同區大龍街274號

鑄字行復刻傳統文化 看電影舞動希望夢想

綿長楓樹帶、巷弄的咖啡廳、過往留下的文化，沿著中山北路，彷彿看見臺灣的歷史。曾是日治時期的敕使街道，美軍駐臺時期的聚集地，光復後的大官重要通道，現在又是外勞假日閒逛的區域。中山北路這條充滿傳奇的子午線，輕輕的劃開臺北東西區域。

光點臺北 點亮美好生活光影

逐漸被遺忘的傳奇擦身而過，那是曾經滿載臺北年輕回憶的淡水線火車。現在，只能從埋藏於幽暗的捷運地下通道步行走上來，於中山捷運站下車，走過小巷子，遇見光點臺北。身披白色外衣、純正美式設計、希臘式廊柱，美國南方

Ubike 輕旅行路線

捷運中山站 —3分— STOP 1 300M 光點臺北 —4分— STOP 2 600M 蔡瑞月舞蹈研究社 —10分— STOP 3 1.7K 陳德星堂

草坪、藝術、悠閒、人文，跳舞咖啡廳裡的下午茶特別有味道。

里程：3.9KM　旅行時間：3 小時

▶ 滿是綠蔭的人行道與光點臺北一起說了場中山北路的老故事。
◀ 蔡瑞月舞蹈研究社，住在日式的老房子裡。

殖民風格建築在臺灣並不多見。光點電影院與這棟美式風格的老房子，靜靜的佇立在中山北路濃濃的樹蔭後，一起寫著未完的故事段落。

一百多年過去了，可以忘記中山北路如何繁華，但記得在光點臺北電影院裡看一場感動內心的電影，小而美、沒有大戲院的吵雜擁擠，八十八個座位像溫馨的家庭劇院。古老的時光迴廊，就像光點紅氣球電影沙龍，舒舒服服地品味沒有壓力的輕食。看書或喝咖啡，沉浸在昏黃的光點臺北，微光點亮美好的生活光影。

蔡瑞月舞蹈研究社　舞動夢想與希望

離光點臺北不遠，午後的陽光篩落一地，偌大的草皮好像鋪上碎花光毯，光影舞動著，隨季節更迭躍動千變萬化的舞姿。

中山北路二段四十八巷，略為開闊的腹地上坐落著蔡瑞月舞蹈研究社與跳舞咖啡廳。跟著水泥步道輕踩過綠色草坪，一不小心，便掉進舞動人生的場景。一九二〇年建造的日式屋舍，坐北朝南，每天迎接朝日夕陽，在黑色的老舊屋瓦上季節遞嬗；一九五三那年，臺灣現代舞之母留學日本回到家鄉，在動盪的時代以一份執著從事舞蹈藝術工作，創辦蔡瑞月舞蹈研究社。幾十年來，雖說不是成就輝煌，卻為臺灣奉獻了舞蹈藝術的豐富生命，喚醒無數人的夢想與希望。

玫瑰古蹟在這特別的中山北路巷弄間，光影每天斜映一旁的咖啡座，點杯咖啡來客下午茶，大樹、草坪和老屋子的故事，夠充實一整個下午時光。

寧夏夜市創意千歲宴

入了夜，當然得拜訪寧夏夜市的美食，五光十色的燈火穿透每一攤的小吃香味，跟著人潮移動，只想嚐盡沿途的美味小吃。

如果能事先預訂，有一種千歲宴，不用排隊等待，只要在餐廳舒舒服服地坐定，攤販會送上現做的美味小吃。千歲宴名稱發想是來自二十一個供菜的攤位，因各自擁有經營五十年以上的經驗，加總以後有千年歲數而命名。無限的想像，讓夜市小吃開創了另一種新文化。

小巷子的鑄字行復刻歷史足跡

沿著民生西路往西騎行，延平北路上的太平町店屋，每日看盡車水馬龍呼嘯而過，後車站的舊榮景，無奈跌落谷底。幽暗的小巷子，太原路九十七巷那種舊式的透天厝大多經營五金工業批發，不起眼的鐵門與雜亂的門口後面，臺灣碩果僅存的活版印刷鑄字行默默的經營好幾十年。在電腦印刷的主流時代，除了後火車站的小巷子裡還能看見沒落的文化相關產業，應該再也無法回溯鉛版油墨在書報雜誌上，留下文字溫度的傳統印刷了！

逛進日星鑄字行，鉛字架上體驗到什麼是字海的無涯，定睛幽暗的燈光下，找出屬於自己的文字，可以是祝福也可以是期待，說不定，將是屬於自己的絕版鉛字。

- 千歲宴把寧夏夜市的小吃集成一大桌美味佳餚。
- 來到太原路的小巷子裡，別忘了帶回紀念性的舊鉛字。
- 日星鑄字行的傳統鉛版印刷字海裡，找尋屬於自己的文字。

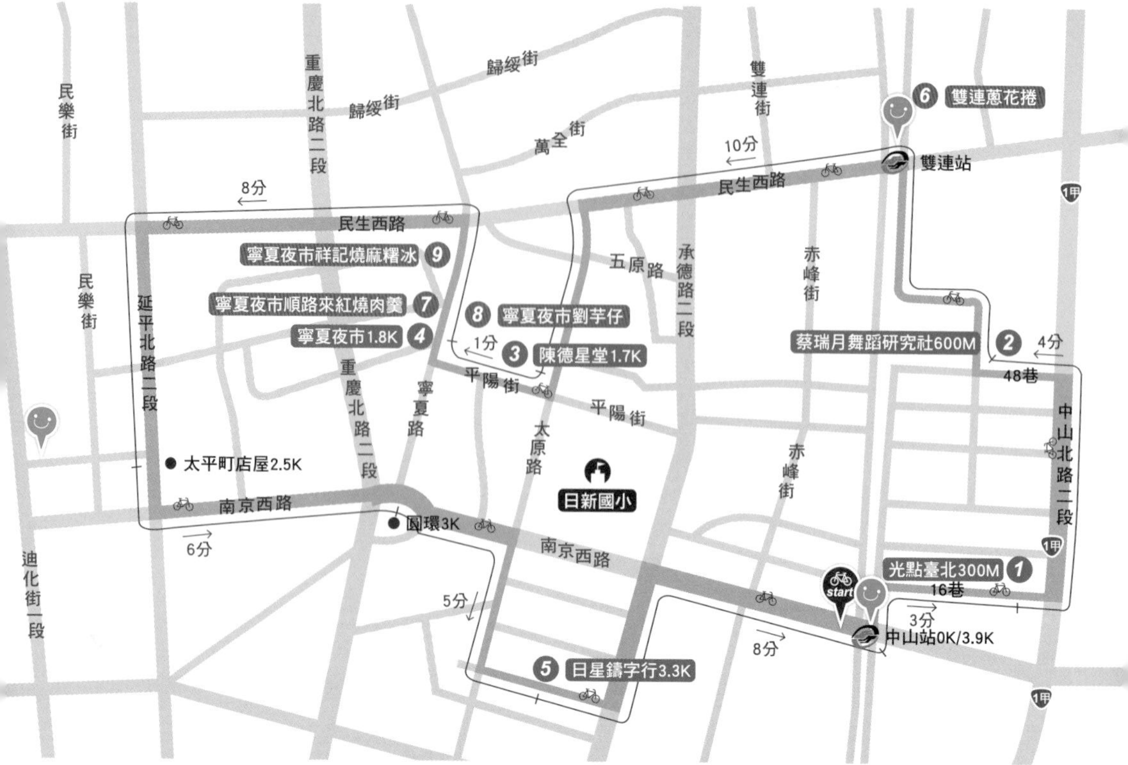

2 蔡瑞月舞蹈研究社

N25 03.344 E121 31.314

翠綠的草皮、散落一地的陽光，坐落在中山北路車聲以外的巷弄裡。一九二〇年日本文官宿舍，終究在臺灣現代舞之母蔡瑞月的波折身世中，被保存下來。沿著巷弄突然出現眼前的大草皮，在高樓林立的臺北街頭，無疑為過往的路人，注入一股再出發的動力。一旁的跳舞咖啡廳，有午後陽光及向晚光影加料的咖啡，下午茶飄出的香味，滲入鼻息悠然心海。

1 光點臺北

N25 03.191 E121 31.344

中山北路的巷子口，臺北地區難得一見的美式建築古蹟。二層樓房，希臘風格廊柱，典雅而簡潔的設計。在古蹟活化利用後，以電影藝術文化為主題，每天播放清新藝術電影，而且有多功能的會議室及咖啡廳，呈現多樣性文化經營。走進光點臺北，認識古蹟的故事與時空交替，也同時享有悠閒的文化旅程。

3 陳德星堂

N25 03.330 E121 30.956

大門前匾額高掛舜帝殿，陳德星堂由清光緒臺北知府陳星聚，在建設臺北府時，號召轄區內的陳氏宗親集資興建。大龍峒老師府的陳家，新莊頭前莊的陳家，三大家族為主要出資者。一九一四落成，迄今已有百年歷史的建築特色細節全臺罕見，如豐富的剪黏雕飾等。目前有幼稚園在內經營，平日參觀需取得同意方能進入。

4 寧夏夜市

N25 03.347 E121 30.913

由南京西路已沒落的圓環到民生西路間的寧夏路上，臺灣古早味聚集於此，每當天色漸暗，打亮第一盞小吃攤的燈光，美食饗宴就此開始。沿著寧夏路閒步，目不暇給的臺灣傳統小吃，讓人難以抉擇該把有限的肚子，奉獻給哪一味色香味俱全的料理。那就多來幾次，滿足享盡一切的心願吧！

5 日星鑄字行

N25 03.131 E121 30.990

沒落的行業還堅守著往日的工作價值，後火車站太原路九十七巷，平凡又不起眼的工廠裡，默默地守護著臺灣僅存的鉛版印刷工藝。昏暗的工廠走道，兩側整齊排放古早印刷鉛字，從過去到現在，這些鉛字仍然從字海中揚起波濤，落在文件名片的白皙紙上。你可走進這裡，找尋屬於自己的鉛版文字，帶回永遠不變的幸福與堅定的未來。

6 雙連蔥花捲

小巷子裡烤包子飄香

招牌香蔥花捲，雖然是傳統口味，但一點也不馬虎，厚實的麵衣包裹香而不辛的宜蘭三星蔥，加上特別的調味料，一層又一層把美妙的好滋味捲在麵衣裡面，每一口，都會有新的味覺體驗。蔥燒包內餡是當天採購的新鮮豬肉，加上三星蔥，引導出材料的原始味道。利用烘烤方式熟成的烤包子，更能鎖住原汁原味，觸動味蕾的包子香，巷弄飄然。

地 臺北市民生西路45巷5弄7號

7 寧夏夜市順路來紅燒肉羹

獨家香味好順口

臺北地區少見的紅燒肉羹，經過鍾老闆娘精心研究下，讓屬於南部口味的紅燒肉羹在寧夏夜市裡一賣就是二十幾年。肉羹以少見的方式料理，先用獨家香料醃漬過後，再裹上地瓜粉炸出口感酥脆香味特別的肉羹條。上桌時淋上雞骨及大骨熬煮的羹湯，湯頭清淡而微甜，肉羹吸收了湯汁後仍保留些許酥脆感。另外，別忘了點份炸鮮魚及炸豆腐，更添美味。

地 臺北市寧夏夜市內84號攤位

8 寧夏夜市劉芋仔

純手工大自然風味

經營四十餘年，幾乎已成為寧夏夜市點心臺柱，蛋黃芋餅與香酥芋丸受到各路美食家喜愛，而且在臺北僅此一家別無分號，只有在這裡吃得到。原料採用甲仙芋頭，從清洗、削皮、切塊到蒸煮及成為芋泥，需要六到七小時繁複手工，可見店家對一顆小小芋丸是多麼用心。天然芋頭食材不添加人工色素，不論是純芋頭丸仔或是加上餡料的蛋黃或肉鬆芋餅，都能吃到芋頭鬆軟的自然好味道。

地 臺北市寧夏夜市內91號攤位

9 寧夏夜市祥記燒麻糬冰

給你幸福好滋味

客家糖水煮過的湯圓遇上牛乳芋頭冰，會是怎麼樣的一種風味？寧夏夜市裡的祥記燒麻糬為麻糬吃法下了另一種註解。裹上花生粉的熱麻糬加上蜜芋頭，靜靜的依偎在香甜牛奶冰上，畫面和諧冷熱均勻美妙，一入口，甜蜜蜜的滋味瞬間嘴裡溶化，再滲入微悶的思緒，心裡好幸福溫暖。還有紅豆、花生、麥角等多種幸福味，任君選擇。

地 臺北市寧夏夜市內24號攤位

西南篇

走進臺北古往今來

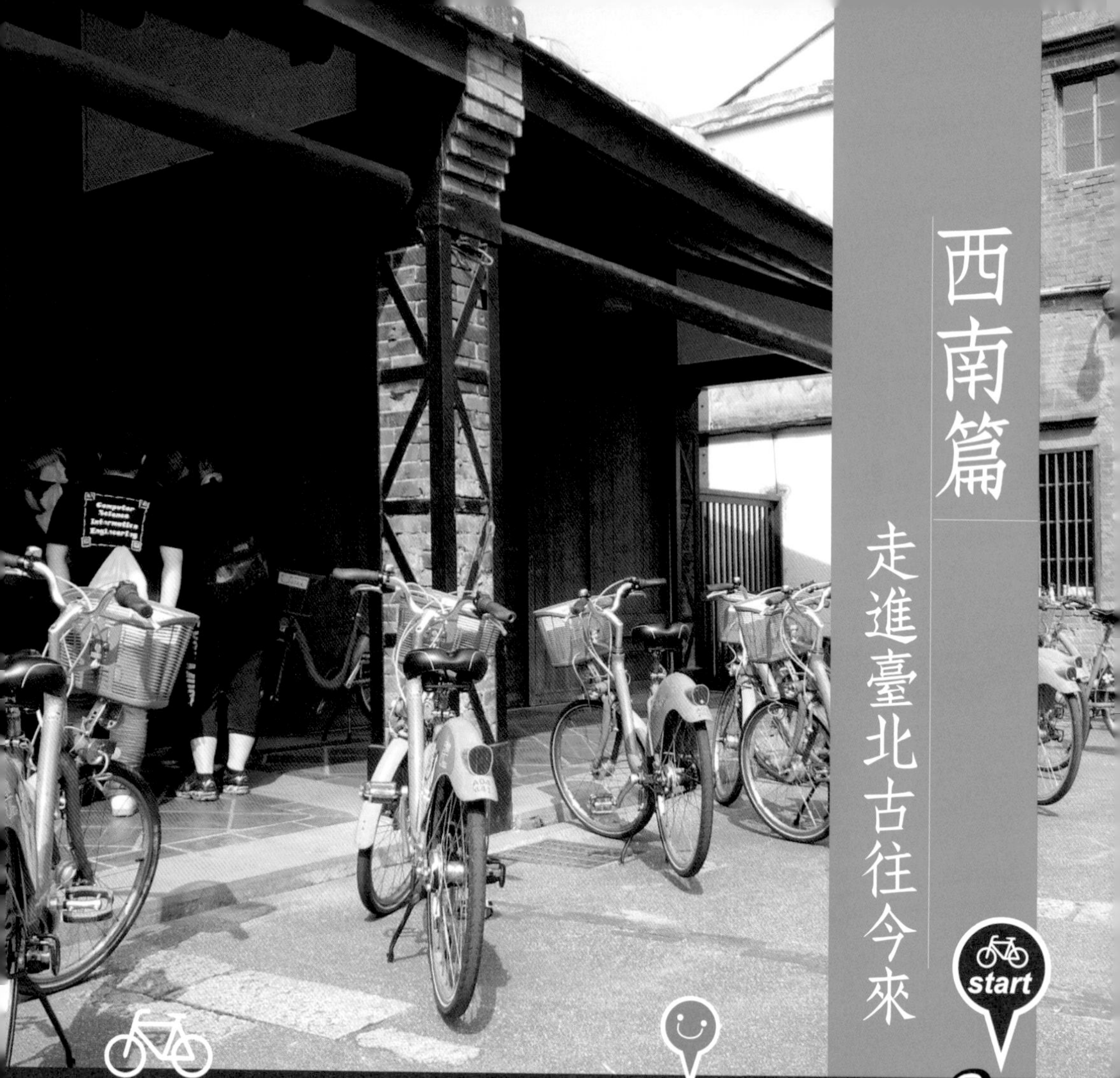

三白草
三白草科 Saururaceae
Saururus chinensis (Lour.) Baill.

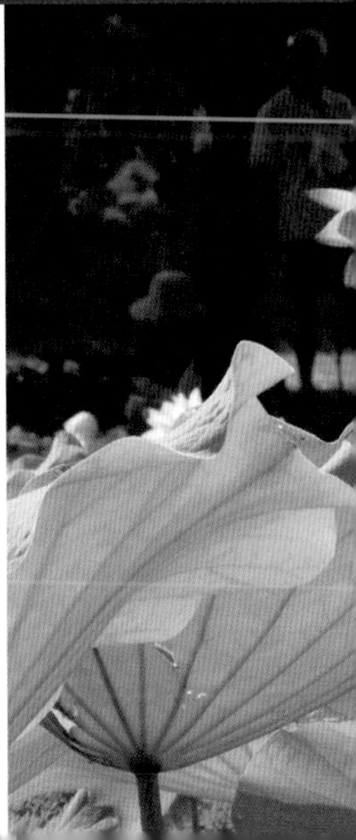

萬華單車漫步 遇見街角老故事

臺北的故事像春天一樣溫暖，隨意散步，就能遇見美麗又感動人心的事物。尤其在萬華，臺北從這裡開始繁榮，從這裡開始扎根，所以留下許許多多的歷史遺跡。也許，在街角轉彎處，小公園花花草草的深處，靜靜的，浮光掠影若隱若現，篩過層層疊疊城市阻礙，瑣碎的歷史微光交織卻顯得落寞。

和平青草園 遇見仁濟院的老故事

跨過失去鐵軌的大馬路，站在西園路口，遠方的一大片草皮有兩棵老榕樹伸手搭肩，彷彿穿過城門般，樹蔭後方，坐落一幢黑瓦、紅磚牆、木窗、舊樑柱的老房子，看起來特別整理過。走近了，細瞧，

Ubike 輕旅行路線

捷運龍山寺站 → 5分 → STOP 1 600M 和平青草園 → 7分 → STOP 2 1.3K 糖廍公園 → 9分 → STOP 3 2.2K 學海書院 → 11分 → STOP 4 2.7K 華西公園 → 6分

▷仁濟院舊院舍，紅磚、木柱、黑瓦、舊窗，適合駐足冥想。
◁遠從彰化而來的五分車機車頭，與糖廍公園靜臥大理街角落。
▽仰望糖廍公園裡的糖倉木樑，已有百年以上歷史。

牆上鑲著仁濟院的歷史故事。日治時期這附近叫崛江町，仁濟院收容精神病患擴建的院舍，一直留存至今。仁濟院是臺灣最早的精神病患收容機構，緬懷過往，從一九一八年細數，早已過了九十幾年歲月。踩進老房子，有若跌進舊時光景，裡面說著仁濟院對精神醫學堅持的故事，還有院所工作人員的舊時生活點滴，輕描當時社會對精神病的看法、互動。一段歷史，就像一部精彩小說。

屋角轉個彎，老院舍後面綠草如茵，藥用植物鬱鬱蒼蒼。找個椅子，坐在老樹下，看冬日午後的陽光篩過葉隙，灑在老屋舊院紅磚牆上，閃閃爍爍映照著臺北悠遠的舊日子。

新糖廍公園 遇見糖的老故事

踩著鐵路走過的身影閒騎艋舺大道，看見中國時報招牌往後奔走，鑽進小巷子，跟著大理街口指標，幾座糖倉佇立眼前。

中國時報後門大理街與環河南路區塊，早年為台糖土地，追溯更久遠的歷史，可以從日治時期臺北糖廠說起。臺北糖廠曾是北臺灣唯一的糖廠，五分車直接與萬華車站連接，進行甘蔗原物料等轉運。昔日小火車來來往往的身影，載不走臺北城市繁華。

想找故事，免費參觀糖廍A倉，了解附近糖廍里的前世今生。製糖工具和文化、老照片與社區居民參與糖業生活的過往，在此一一呈現。讀過了製糖的書頁，對臺北會有更深切的認識。糖廍B倉進駐文化團體，讓臺北美麗動人之外更精彩可期。閒步古老糖倉，甘蔗迎風搖曳，風，甜甜

△城市Ubike遇見剝皮寮的前世今生。

的，退役五分車停放在倉庫外面的大草皮上，載運著古老又甜蜜的，糖的記憶。

單車漫步
遇見萬華的老故事

糖廍公園邊上的大理街，鐘錶、服飾在此集結，穿越商家歷史脈絡，騎過環河南路上的車水馬龍，學海書院佇立在龍山國小身旁。歷盡滄桑，學院的名字未被遺忘，無奈歲月卻關上斑駁木門，駐足凝望古典建築裡，已是高氏祖先長眠的宗祠了。

不遠處是廣州街口，輕輕的掠過，轉進桂林路，華西街口上的華西公園石砌山牆有若高城。連接著悠遊臺北唯一的清朝老街，小紅瓦、紅磚柱，傾頹的時光，只剩遊人緬懷的腳步。

康定路上的剝皮寮亭仔腳，

彷彿過去與現在的光影交錯，舊窗門隱約滲出木香飄移，像萬華數不盡的故事和不遠處龍山寺祈福的香煙飄渺，久久不能散去。

◀ 穿越剝皮寮的亭仔腳，過去與現在的光影交錯

▼ 艋舺大道街角綠草如茵，老樹成蔭下藏著仁濟院的故事

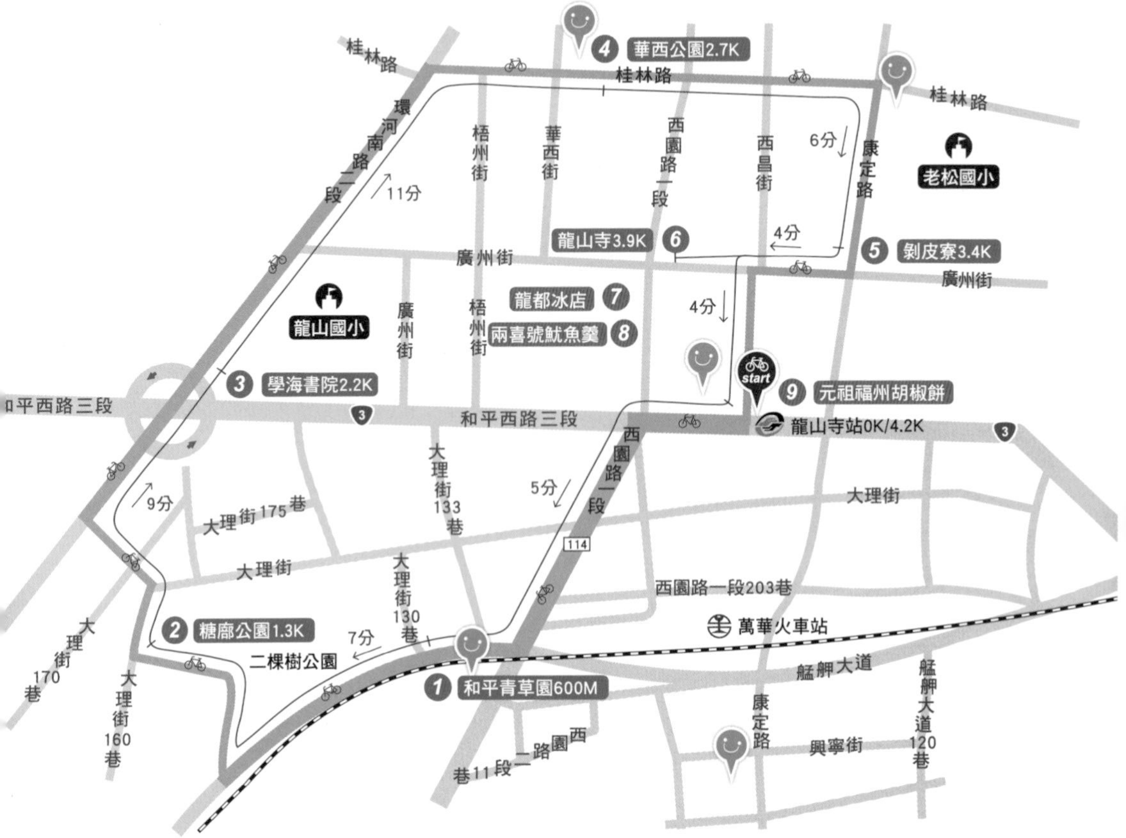

2 糖廍公園

N25 01.993 E121 29.699

追憶萬華從古至今的製糖文化，尋找附近巷弄的人文變遷。來自彰化糖廠的五分車與百年糖倉，訴說著關於糖的甜蜜故事。

1 和平青草園

N25 01.958 E121 29.827

仁濟院舊院舍坐落其中，散發著淡淡的滄海桑田。由日治時期保存至今的人文及歷史，值得用心追尋，步入舊院舍，來一場時光交替吧！

3 學海書院

N25 02.186 E121 29.721

臺北市僅存的書院古蹟，目前評定為三級古蹟，位在環河南路角落，環河南路二段九十三號。歷經日治時期標售，現已是高氏大宗祠。

4 華西公園

N25 02.321 E121 29.917

有若城牆的造型，加上成排的Ubike，創造出美麗又高聳的城市意象。一旁就是華西街夜市，萬華的美食文化代表。

5 剝皮寮

N25 02.206 E121 30.156

臺北留存的唯一清朝古街，與民間貼近的紅磚建築、亭仔腳長廊，值得一走再走。剝皮寮聚落，成形於清代早期，開發至今已有兩百多年歷史。

6 龍山寺

N25 02.206 E121 29.996

市定二級古蹟龍山寺，與國立故宮博物院、中正紀念堂並列為國際觀光客來臺旅遊的三大名勝。建築古典優雅又具有人文歷史，步入寺中，點香祈福或品味古往今來。

7 龍都冰店

不加糖水的八寶冰

龍都冰店創立一九二〇年，歷經九十幾年歲月，仍然是萬華廣州街上讓嘴、心都甜的冰品之家。與剉冰店一樣，豐富的配料可以隨意選擇。但有一種店家推薦的八寶冰，以剉冰為基底，不加糖水，鋪上滿滿的甜料，雪亮而不黏膩，所以入口少了甜膩感。八種配料擁抱著清冰在口中溶化出愛戀的感覺，清爽、原味、無添加的八種滋味。

地臺北市萬華區廣州街168號

8 兩喜號魷魚羹

有大海的味道

很難想像，兩喜號魷魚羹已經有九十幾年歷史了。從萬華挑擔叫賣，再經過龍山寺前商場拆除的命運，一直到今天還是穩穩的佇立在西園路邊。招牌魷魚羹湯略有自然甜味，新鮮魷魚輕脆爽口，搭配著上等魚漿製作的魚丸，每口都充滿大海的味道。另外米粉炒的味道也別具一格，彈性適中的米粉上澆著手工油蔥酥與蒜泥，不油不膩又帶著天然香味，好吃極了。

地臺北市西園路一段194號

9 元祖福州胡椒餅

小巷子的美食

就在Ubike租借站的對面，只有二輪車與行人能走進去的小巷子，元祖福州胡椒餅LED招牌在小巷中特別顯眼。大部分時間得排隊，老闆會用號碼牌加銅板為記號，為你準備下一爐的胡椒餅。用傳統的甕爐烘焙，一打開爐子，裡面貼滿漸熟成品。麵香與帶點酒香的味道，還有肥瘦比例完美的內餡，每一口都是絕佳的享受。

地臺北市萬華區和平西路三段109巷5號

尋訪西門町的古老重生

Ubike 輕旅行路線

捷運西門站 → 3分 → STOP 1 250M 西本願寺 → 5分 → STOP 2 800M 清水祖師廟 → 8分 → STOP 3 1.6K 紅樓 → 7分

艋舺清水巖是臺北三大廟寺之一。

里程：5.4 KM　旅行時間：3 小時

▷ 西本願寺鐘樓，見證了城市殘酷的歷史，所幸已安然佇立高處。

◁ 西本願寺樹心會館經過整建，古典房舍內部常有文創活動。

▽ 清水祖師廟後方，堆放著清朝同治年間的廟體石柱。

走在西門町的馬路上，不禁讓人想起年輕壓馬路的日子。多少青春歲月在這裡歡笑，那些年少的哀與愁，適合在人潮中穿梭流連。

雖然不能參與西門的建造，但至少可以騎著腳踏車，沿著單行道，尋找落盡鉛華的再度出發。發現西門城外悠悠的日子裡，尚在人間的美好事物。

幻化重生的西本願寺

就從捷運西門站出發吧！這裡曾經是西門的源起，跨過城牆遺址線上的寬大中華路。四〇六號公園有若咫步，而歷史的過程卻是長久。幾經變化，多次移交，從眷村到火災，寫下了西本願寺的古老故事。日治時期臺灣最大日式佛寺西本願寺遺址，如今浴火重生，鐘樓坐落在土坡上，往下望，經常有大型藝術創作與文化創意團體展演，因為時間而沒落的老地方，再次得到了新生命。

踩著步道慢行，日式建築散發著濃濃的舊況味，閉眼、想望，古今的交融，彷彿只是眨眼的片刻。

清水祖師廟　艋舺電影場景

來到清水祖師廟前，長沙街與貴陽街左右守護著古老廟宇。雖然是耳熟能詳的名字，卻從來沒有踏進來過，甚至過了門前的牌樓，還不知其就在身邊。習慣錯過，常會是不知珍惜的原罪，原本深切感動的美好，或許

△ 早春，梅花枝頭綻放，逸仙公園裡清香淡雅。

STOP 4 2.3K 電影主題公園
1分
STOP 5 2.5K 電影街
20分
STOP 6 5.3K 逸仙公園
1分
5.4K 臺北轉運站Ubike站

在經常性的擁有後，感動的深度終將平緩。

某一天，看過艋舺電影場景，跟著單車的踩踏，發現路過的風景，原是家鄉最美的感動。下著雨，廟前的花臺上鋪滿黃花酢漿草，沖繩小灰蝶停在上面，今天，深刻記得，有蝶相伴的祖師廟。

紅樓　再現百年風華

和它的外表一樣有個美麗的名字，紅樓。路過西門圓環，總是會不經意的往巷子裡望個幾眼，是那身與西門町略顯不搭調的紅色外衣，獨特的身形，引吸路人的眼光。

日治時期至今的傳奇，在八角樓裡天天上演，興起了，又沒落許久。近年大家了解八角形狀是多麼珍貴的歷史，再生再造，換上古蹟的名字。百歲了，紅樓也躍升都市景觀大獎，歷史活化，文化再次包圍，從此不再沒落。

電影街的老故事

走進武昌街，一定不忘年少青春的壓馬路傳奇，年少的學生時代就像是電影的某個片段。豪華、樂聲、日新戲院，還有一些被記憶遺忘的電影院名字，老早消失在電影興衰的浪潮中。電影街還在，只是那年我們一起走過的電影歲月，換了名字，也換了主角。

電影主題公園佇立街角，請來聽街頭放送、月光電影、公共藝術等，

▶ 水池花園、小道、老樹，中山北路起點旁的逸仙公園，值得細細品味。

▼ 紅樓內現在是文創的聚集地。

與沖繩小灰蝶共同凝望過去，在清水祖師廟的前庭。

今後的壓馬路，有了舞臺，有了觀眾，還有更深刻的回憶書寫。

離開西門町，用點心，緬懷舊人新事。踩過後車站的車水馬龍，一陣與城市混亂的拚搏。市民大道街角，逸仙公園裡坐落著國父史蹟館，院子裡，冬末梅開、春新綠，老故事與新世代生生不息。

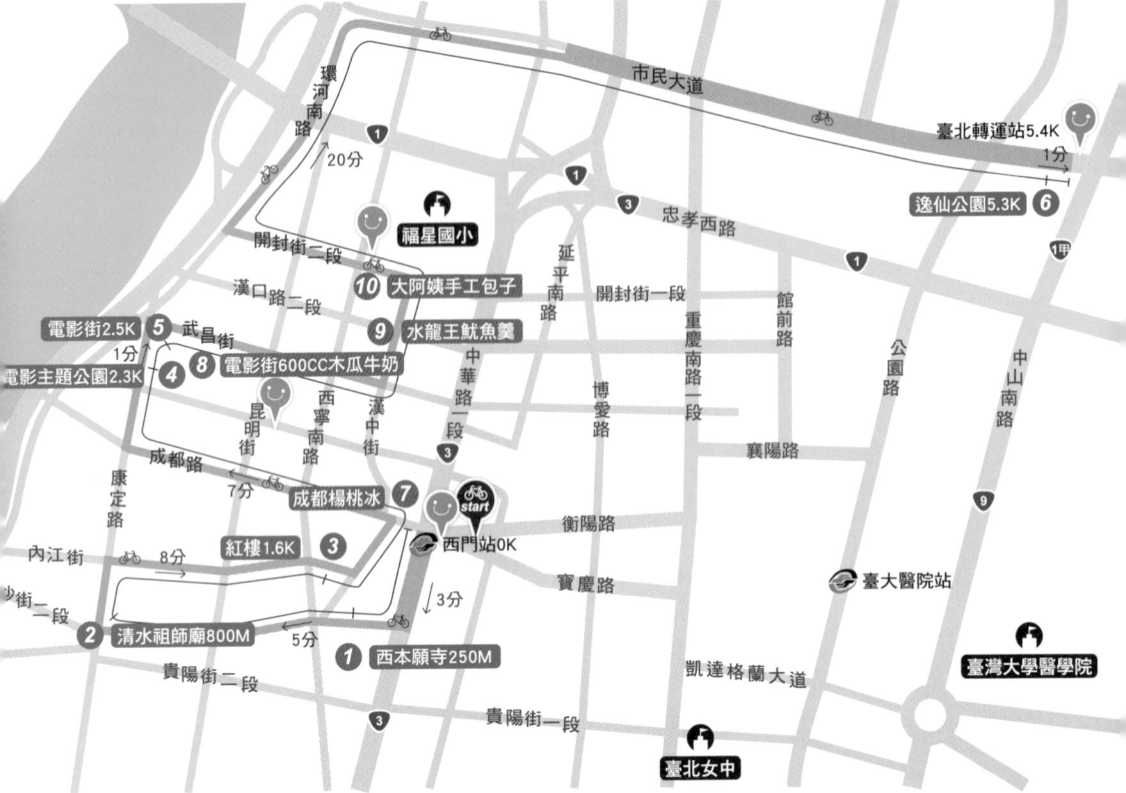

2 清水祖師廟

N25 02.423 E121 30.120

清水祖師廟面向康定路，若是疾行而過，難免錯過這歷史文化。電影艋舺的故事場景，也選定在此拍攝。舊歷史新創意，遠從乾隆五十二年，歷經兩百多年的故事靜臥在祖師廟前。

4 電影主題公園

N25 02.697 E121 30.186

沿著康定路而行，一定會遇見電影主題公園，原址是日治時期的臺灣瓦斯株式會社。二〇〇一年以後公園化，以電影為主題發展出許多文創活動。月光電影院的戶外電影放映，啟動了電影街尾的活力。

1 西本願寺

N25 02.404 E121 30.437

日治時期至今的西本願寺，真正名字叫淨土真宗本願寺派臺灣別院。在一九七五年焚毀後，二〇〇六年由臺北市指定殘存鐘樓及樹心會館為市定古蹟。其他建築如御廟所等也陸續整修。駐足鐘樓，可一覽全區景觀。

3 紅樓

N25 02.529 E121 30.430

西門町漫遊一定要到紅樓看看，體會歷史的滄海桑田，八角樓建築仍然屹立不搖。曾經殘破蕭條，但因為文創再造，使得紅樓再次擁有新生命。紅樓廣場在二〇〇〇年後也漸漸成為知名活動聚集場所。

5 電影街
N25 02.729 E121 30.242

是臺北電影文化的集中地，只要想看電影第一個想到的便是電影街。武昌街過了中華路往環河南路而行，電影院一間連著一間，形成以電影為主題的街道。

6 逸仙公園
N25 02.856 E121 31.214

走進逸仙公園大門，國父史蹟館坐落其中。由日治時期的梅屋敷改建而成，完整的日式建築散發著臺北舊時光景。其間，曾經因為鐵路地下化搬遷，目前位於原址五十公尺北方。庭園中的梅樹，在冬末春初，散發著濃濃的花香。

7 成都楊桃冰
精挑細選的功夫簡單呈現

成都楊桃冰在西門町已經有將近五十年的歷史了，簡單的楊桃冰為何能在此屹立，望著招牌上的年號及排隊人潮，心裡總是納悶。據店家表示，店裡的楊桃、蜜餞，堅持以人工採收，不以機器代勞，深怕楊桃因為碰撞而有缺陷，影響製作後口感。還有鳳梨都是以新鮮鳳梨現煮，再加入特製的李梅熬煮，風味絕佳。

地 臺北市萬華區成都路3號

8 電影街600CC木瓜牛奶
香醇濃

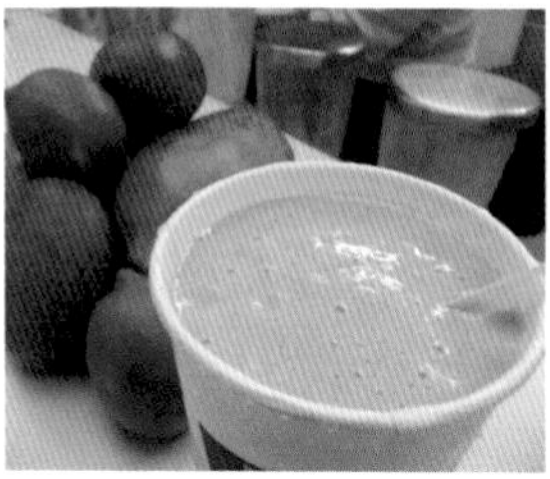

在電影街尾，接近康定路口，有一間開了幾十年的木瓜牛奶。沒有特定的店名，但以六百CC為標誌，一做就是好幾十年。新鮮木瓜與牛奶在這裡找到了最完美的比例，濃到化不開的香，可說是木瓜牛奶第一名。另外夏天來一杯西瓜牛奶或是鮮純西瓜汁，也是最佳的選擇。老闆沉默寡言，但出自他手的木瓜牛奶，說明了無限的用心。

地 臺北市萬華區武昌街二段122號

9 水龍王魷魚羹
六十年不變的風味

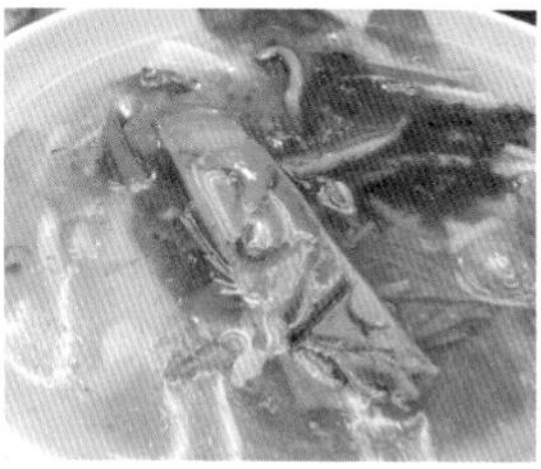

民國四十年創立，六十幾年的老店，不知陪伴多少學生與西門町逛街的人潮。雖然附近有很多相同性質的店家，但水龍王的客人就是高朋滿座。特別的湯頭配方，精火慢煉，每一口都可以吃到水龍王經營上的用心。還有各種羹類與小吃，多樣化的選擇更添豐富。

地 臺北市萬華區漢中街34號之3

10 大阿姨手工包子
老兵帶來的家鄉味

原本在金華街附近，華光社區裡的眷村包子，經營二十幾年後，也在西門町附近開了分店。大阿姨手工包子店，饅頭與包子都是由退伍老兵親自調味，餡料充滿家鄉味。最受歡迎的手工肉包，鎖住滿滿的湯汁，菜肉與鮮美的湯汁一起入口，真是人間美味。菜包以新鮮高麗菜，加入粉絲、香菇與五香豆乾，雖是菜包，但香氣一點也不單調。

地 臺北市萬華區西寧南路63號

臺北古城門之旅

Ubike 輕旅行路線

捷運小南門站

1分

STOP 1 120M 小南門

4分

STOP 2 550M 國軍歷史文物館

5分

STOP 3 1.2K 西門

4分

STOP 4 1.7K 中山堂

8分

STOP 5 2.7K 北門

2分

里程：6.9KM 旅行時間：3 小時

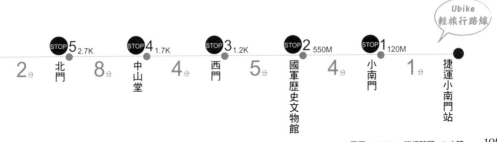

▶北門佇立在車水馬龍的臺北街頭，高架橋伴著時光飛逝。
◀往裡看，臺北影音街，還沉睡在昨夜的夢魅。

往臺北街頭外探望，微光中天空湛藍，飄著幾片橙雲，輕涼的雨後早晨最適合晨光自行車小旅行。

中華路、忠孝西路、中山南路、愛國西路，車流中佇立，曾經是城牆卻早已傾頹。臺北城古老的傳說已流傳好幾百年，路過城中區，常看著幾條大馬路圍繞臺北城門，移動中的視線，難以穿透被歷史拆除的屏障。也許，騎著單車慢行，能再次築起一些臺北城門歲月痕跡。

小南門（重熙門）舊時板橋林家捐建

每次走到小南門旁邊，略顯孤寂的城牆在愛國西路和延平南路的交叉點上，隱隱約約的，重熙門的名字掛在城門上。茄冬樹、樟樹林沿著愛國西路往南門伸展，分隔島綠意取代了古老的城牆。

城門外路況四通八達，往新北市很方便，走艋舺大道過華翠橋更是快速。喜歡走近路可是人類的天性，相傳板橋林家為避漳州、泉州人不睦，自行捐建小南門，成為通往板橋、永和一帶的捷徑。不過今天的旅行，可是不分遠近，繞著臺北城的過往與現在，把城門以單車串連，把城牆用腳步築起。

西門（寶成門）繁華裡憑弔遺址

西門町為什麼以西門命名，應該和已經灰飛煙滅的臺北府西城門有絕對關係。中華路直覺上就是城牆原來的遺址，清代古老城牆歷史的演進，

▲小南門出口上的Ubike與林蔭為伍。

STOP 6 3.0K 撫臺街洋樓 — 1分 — STOP 7 3.1K 臺北郵局 — 15分 — STOP 8 4.9K 東門 — 7分 — STOP 9 6.0K 南門 — 8分 — 6.9K 捷運小南門站

▷ 來到常德街口，不妨轉進來看看臺大醫院這美麗的建築。
◁ 愛國西路上的樟樹林蔭大道，清涼有勁。
▽ 一級古蹟北門，曾經鑰鎖疆巖。

竟也會淪落拆除的命運。寶成門這三個字，任現在西門町踩街的腳步和講求流行的人潮怎麼繁盛，清早的街道，依舊如停在遺址石碑上的人氣一樣冷清。

國軍歷史文物館、影音街、相機街等，還有鐵路火車曾經飛奔而過的巨響，當年漫步中華路的電子街道上，事過境遷二十餘年來。西門，它永遠只剩一塊被憑弔的石碑。

北門（承恩門）高架橋邊的寂寞與哀愁

從中華路騎來，西門町的吵雜喧嘩彷彿都拋在腦後了。腳踏車可以穿越北門而過，這也是臺北府城遺留的四座城門中，唯一可以借道而過的古蹟。一級古蹟的榮耀，彷彿只是個幌子，從臺北車站延伸而來的高架橋，幾乎與承恩門形成另一種觀光噱頭，引頸而望，不必到什麼山林郊外，一線天的奇觀就在北門和忠孝橋的高架橋間。

北門附近，以前是中華商場的盡頭，人車喧囂揚起的塵土，讓它看起來頗不和藹可親。當中華商場屋傾人去，抹上紅色的牆身，只是更突顯被夾在橋下的無奈與孤寂！

東門（景福門）歷史與道路的交會點

臺北車站前到底是什麼嚴格管制的重要區域，二十幾年前禁止機車行駛以後，兩個輪子的車輛永遠都別再夢想能堂而皇之、安分守法騎進管制

中山南路上的文學之路，用文字鋪成風雅。

區。看著連腳踏車也拒於門外的交通標幟，只好沿著人行道牽行，打從城牆遺跡線經過臺北車站前的忠孝西路。

在中山南路右轉，撐起藍天的椰子樹直讓人心情鬆懈。踩著中山南路上的文學之路，一首詩一踩步地讀過匆匆歲月，圍繞東門圓環。東門面對著總統府，歲月連成了歷史。單車的速度剛好，揚起視線左顧右盼，寬大的馬路正好適合輕盈踩踏，掠過臺北歷史的連接線。

南門（麗正門）三級古蹟昔綠意圍繞

愛國西路上的南門就顯得清幽多了，寬大的安全島綠帶，把綠蔭搭成隧道。閒步在樟樹下，陣陣樟木香和微涼的風吹過，眼睛直想闔上睡個安穩舒眠好覺。

麗正門下，假日車子少得舒暢，在綠意盎然的愛國西路上，重拾騎單車城市漫遊的樂趣，東南西北四面打量南門各個角度。附近公家機關、學校密布，假日不開張營業，人車更是寥寥可數。獨有人文而缺少自然調和，美感總是大打折扣，穿越斑馬線的同時，心裡想念著野草野花的嬌顏。夏日風情，怎能少了狗尾草來搖搖一早的微風，那些金黃色的狗尾草，在麗正門的腳下燃燒。

△ 停駐南門的腳下，走在古老與現代的牆緣。

◁ 臺北賓館的外牆也是古蹟的一部分。

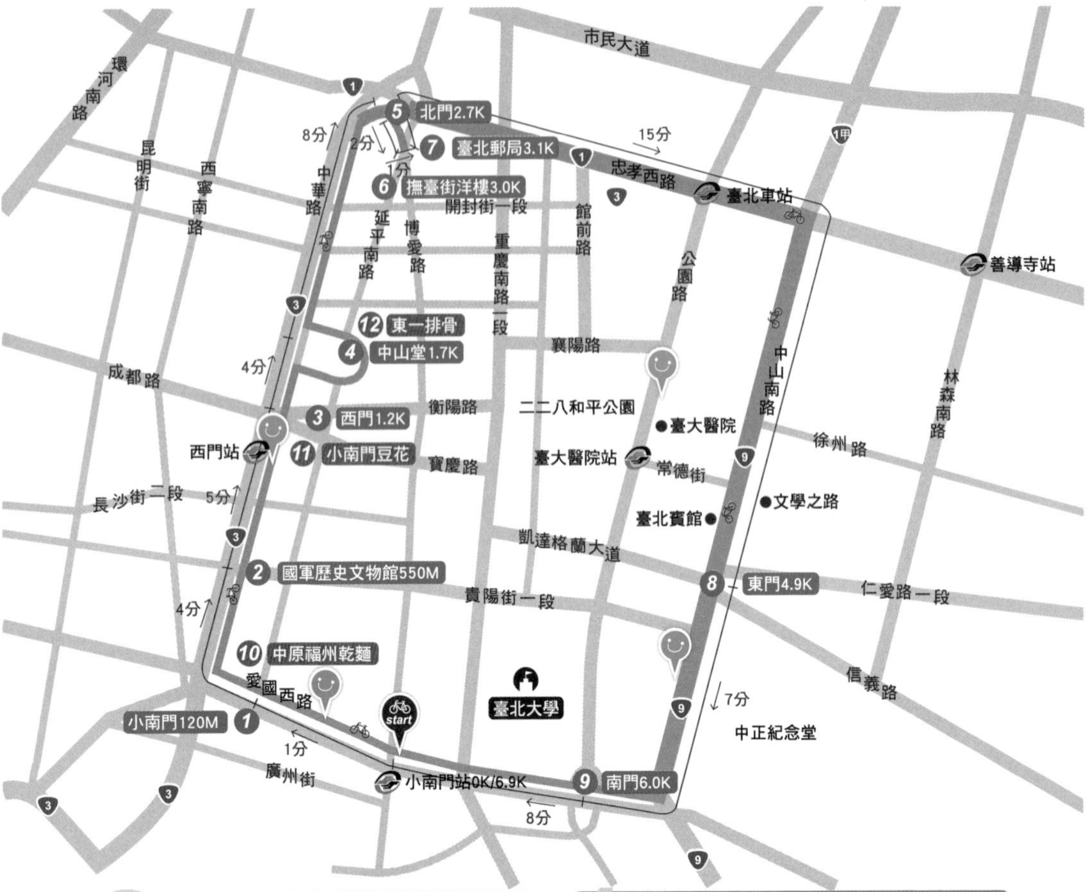

2 國軍歷史文物館

N25 02.352 E121 30.490

佇立在貴陽街一段二四三號的國軍歷史文物館，館內展示中華民國國軍各時期文物及歷史資料。黃埔建軍與北伐統一、對日抗戰，一直到臺灣現在的軍事歷史都在此呈現。

1 小南門

N25 02.216 E121 30.484

位置在延平南路與愛國西路交會口，為當時板橋林家捐建，是臺北城內與板橋及中和的捷徑，城內連接小南門街就是今天的延平南路，日治時期行政區屬書院町。

4 中山堂

N25 02.588 E121 30.624

臺灣第一個會展建築，建於一九三六日治時期，當時稱為臺北公會堂，出自日本知名建築家井手薰之作品，一九四五年以後通稱臺北中山堂，目前是國家二級古蹟。

3 西門

N25 02.528 E121 30.536

西門（寶成門舊址）於一八七九年建造，一八八二年三月竣工，一九〇五年日治時期，因實施市區改正計畫而遭到拆除，為臺北府城被完全拆除的城門。一九〇六年原址改建為橢圓公園，附近即為西門町。

5 北門
N25 02.860 E121 30.672

承恩門四個大字牢牢的寫在城門上，清朝臺北府城的正門又稱為大北門。一八八四年落成，目前是臺北城門中，唯一保持建城原貌的城門，更可貴的是世界上僅存的閩南式碉堡城門。

6 撫臺街洋樓
N25 02.804 E121 30.650

佇立於開封街與延平南路交會處附近，是臺北市市定古蹟，也是日治時代臺北府城中僅存之商用古建築。當年此地古蹟多為官署建築，所以民間店舖，更顯得格外珍貴。亦有人稱它為「大和町洋樓」。

7 臺北郵局
N25 02.846 E121 30.683

臺北郵局是一座活的古蹟，中華郵政仍在其間進行公務。與撫臺街洋樓及臺北府城北門呈三腳鼎立，北門附近的路口因此充滿古意。日治時期是臺灣郵政三大一等局，走到了今天，為國家三級古蹟。

8 東門
N25 02.340 E121 31.063

臺北府城東門，還有個名字景福門，中華民國一級古蹟。總統府、凱達格蘭大道與自由廣場等地標圍繞，在臺北的四大城門中與北門承恩門齊名。又因面向東方，在日治時期得名照正門。因車流路況複雜，只能遠眺。

9 南門
N25 02.120 E121 30.903

國家三級古蹟，臺北府城南門，麗正門是它正式的名字，或叫大南門，臺北府城五個城門中，規模最大，最清幽的城門。可以走在林蔭大道上，遠遠的看著麗正門隨樹影擺動，悠閒滿心。

10 中原福州乾麵
簡單的美味

延平南路上的中原福州乾麵，延續到現在的第二代，已經有六十幾年的歷史。以簡單的方式營造出特別的口味，少量的豬油加上麻油拌麵，淡淡的香氣混合著蔥花香氣，雖然看似平常，卻能抓住每位客人的味蕾。再加上一碗餛飩魚丸蛋包湯，清淡中讓人意猶未盡。

地 臺北市中正區延平南路164號

11 小南門豆花
堅持傳統古法製作

位於遠東百貨公司地下美食街的小南門豆花，創立於民國八十五年，將近二十年來，遵循古法手工製作。精選新鮮材料，豆花滑嫩細緻，帶著傳統味道，入口即化這幾個字，最能形容它的美味。滿鋪的花生軟而不爛，綿密又帶著微微的香氣，與豆花是天生絕配。

地 臺北市中正區寶慶路32號B1

12 東一排骨
西餐廳裡的香酥排骨飯

走進東一排骨就好像置身古老的咖啡廳，一點也不像是賣排骨飯的地方。有點年紀的服務生帶位，讓人倍感親切，除了排骨飯，根本是來到舊氛圍裡的西餐廳。排骨以油炸料理，酥脆的麵衣特別調味過，再加上特製小黃瓜，炸排骨更是讓人難以忘懷。排骨麵湯頭夠味，排骨飯料多實在，都是不錯的選擇。

地 臺北市中正區延平南路61號

華山文創心旅行
穿越臺北時光隧道

賞荷的季節悄悄到來，臺北市中心區域，有一池別具特色的荷花池，也已經綻放花顏，迎著夏風搖曳生姿。

二二八公園逛古蹟文化

二二八公園的舊名為新公園，大門前的臺灣歷史博物館已經有百歲年紀。希臘復古樣式的建築外觀，讓臺灣最古老的博物館總是裡外兼備，陳列著古往今來的歷史與文化創意；急公好義牌坊、黃氏孝節牌坊，走進文化的綠意中，才發現，原來二二八公園如此豐富。

公園外的街道也充滿文化，土地銀行大樓改變了古老的思想，變身為臺博館土銀展示館，佇立長廊眺望，高挑的石柱，像雄偉的小說故事。

Ubike 輕旅行路線

二二八紀念公園Ubike站 → 2分 → STOP 1 220M 國立臺灣博物館 → 1分 → STOP 2 292M 土銀展示館 → 15分 → STOP 3 2.0K 東和禪寺鐘樓 → 4分 → STOP 4 2.7K 市長官邸藝文沙龍 → 0分 → STOP 5 2.7K 臺灣大學社會科學院

里程：5.0 KM　旅行時間：3 小時

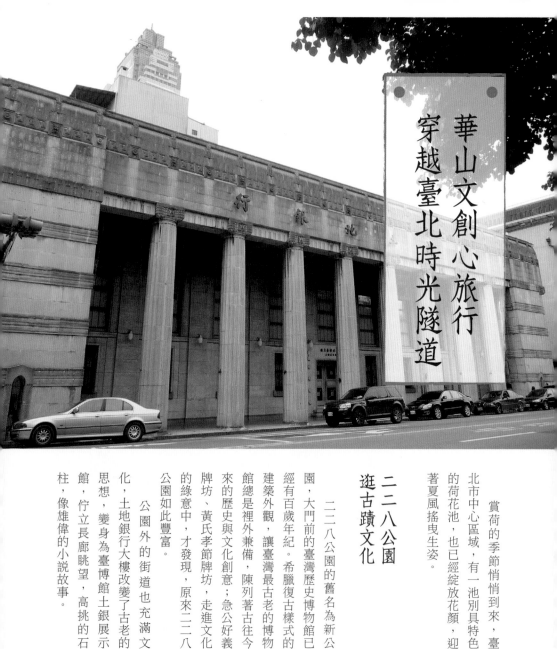

走過二二八公園旁的襄陽路，土地銀行古蹟已化身為臺博館土銀展示館。

二二八公園裡隱藏許多古蹟，等待遊人穿越時空（黃氏節孝牌坊）。

臺大社會科學院，適合古蹟散步。

市長官邸、臺大社會科學院　穿越臺北時光隧道

由中山南路閒步徐州路，百來公尺，綠意圍繞著「和洋混和式建築」，前行來到「臺北市長官邸」。民國八十三年以後，臺北市長不再進住，目前由文化局委外經營，有個很閒情逸致的名字「官邸藝文沙龍」。官邸七十年歷史的大門往外一推，對面市定古蹟「臺灣大學社會科學院」的美麗風景，輕輕映入眼簾。日治時期的巴洛克建築，老樹水池滿眼歷史氛圍，走進花園式古意黑鐵欄杆大門，似走入時光旅行的場景！

齊東街訴說歷史　古音樂新文創

鑽進不遠處杭州南路的小巷子，許多木造日式宿舍傾頹在荒煙蔓草中，走幾步路，看見代表「齊東老街」的歷史老房子，木板牆、實實在在的黑瓦片。遠從清朝時代，齊東街附近是臺北城通往河港的米道。日治時期，重劃為幸町，宿舍建築漸漸形成群落。齊東老街正進行再造運動，這些城市巷弄裡的舊日光景，凝結附近居民的向心力、歸屬感。

臺北古琴學會、臺北琴道館，就住在齊東街的老房子裡。古琴的音樂文化在指間彈撥，音符掉落在日式庭園中。隨季節灑下的陽光，一起為文化的結合而歌頌。

華山文創園區　單車賞荷小旅行

步出米道齊東街，跨過忠孝東路，「華山文創園區」幾幢老工廠和聳

華山的荷花池，平易近人。

STOP 6 3.3K 齊東老街　6分

STOP 7 4.3K 華山文創園區　8分

5.0K 臺北科大Ubike站　7分

市長官邸的和洋混合式建築，難得一見。

天的大煙囪，又訴說著不同的歷史。穿越舊時光的新生命，我們停駐在夏日的荷花池邊。「華山創意文化園區」，有著古老美感的建築，從一九一四年日本「芳釀社」生產清酒，醞釀將近一百年的臺北故事，特別香醇。

每年立夏以後，臺灣北部的荷花陸續展現風采。談起賞荷，臺北市中心，最老牌的荷花池，總讓人聯想起「植物園」的荷花池。

其實有另一池荷塘規模雖不若植物園壯闊，但小而美，伸手幾乎可以撈起一池嬌顏。它隱藏在忠孝東路和市民大道間，「華山文創園區」後方的翠綠大草皮上。白三葉草滿開，綠色草地鋪了一層雪白色花海，漫步往花海中心走去，有點起伏的茵茵綠地深處，就藏著迷你可愛的荷花池子。

「華山文創園區」，有花朵、老樹，以及讓人迷路的老工廠巷子，還可以發現文化與歷史的創意，交織在城市的深處。

△ 華山文創園區，老廠房鋪滿爬牆虎綠意。

1 國立臺灣博物館
N25 02.578 E121 30.902

臺灣歷史最悠久的博物館，駐足大廳，抬頭仰望，石柱撐起圓頂上彩繪玻璃天窗。博物館外觀採希臘復古樣式建造，歷經風霜，風采依舊。館內常設臺灣人文及生態展覽，館外銅牛、碑林、巨石文化遺物、古砲、蒸氣火車頭，伴著這座古老建築生生不息。

2 土銀展示館
N25 02.616 E121 30.896

與臺灣博物館隔著襄陽路，從銀行的金錢遊戲出脫後，更顯它外表的簡單雅緻。歷經年歲洗禮、改善修建，內部容顏已變。曾是日治時期的「勸業銀行舊廈」，目前由土地銀行與臺灣博物館合作，修復並營運管理後，定位成「自然史博物館」。

3 東和禪寺鐘樓
N25 02.361 E121 31.313

一九三〇年建造，造型有若城門，為當時寺內的迎接殿。一旁的青少年文化中心興建時，險被拆除，所幸還是保留下來了。除了它的舊日背景，早年傾頹樣貌容易讓人遺忘，日式黑瓦與單簷歇山式屋頂，訴說著臺北的悠遠。

4 市長官邸藝文沙龍
N25 02.428 E121 31.500

沿著徐州路綠蔭慢行，舊意的圍牆裡伸出高大的綠樹，市長官邸安靜、清幽，樹下的風吹起來特別舒暢。七十年的日子，讓這座和洋混合日式宅院特別少見。曾是臺北市長專用官舍，現在開放文創藝文活動，來杯咖啡，望著窗外花木扶疏，聽風、觀雨、講心情。

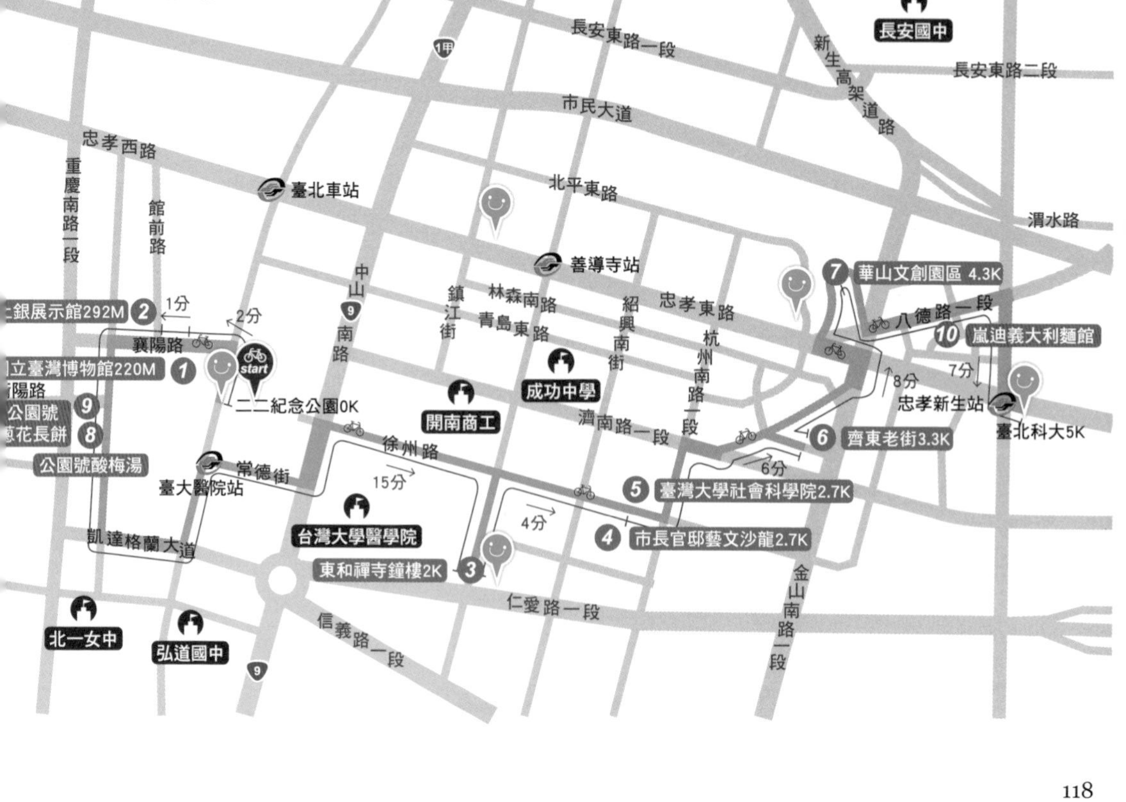

5 臺灣大學社會科學院
N25 02.469 E121 31.492

徐州路上，市長官邸對面，走進社科院的大門，綠意染滿身心。巴洛克式建築圍繞著水池，四處充滿古老的況味。此處是開放空間，放心往裡走，腳步聲踏過長廊，駐足冥想，光影從老有年紀的花磚透了進來，有若走過時光隧道。

6 齊東老街
N25 02.492 E121 31.729

老街裡的日式宿舍，大部分都已隨時光老舊，臺北琴道館是目前最值得參觀的一座老宅。雖然是日式建築，還是可以看出日本人以臺灣氣候及風俗來設計建築房子。走進整修過後的老宅院裡，彷彿穿越時空的旅行。

7 華山文創園區
N25 02.651 E121 31.788

園區裡保留了許多早期酒廠的建築設施，從日治時期的芳釀株式會社到臺北酒廠，都已滄海桑田。在一九九九年後，成為藝文界及非營利團體及個人的展覽空間。走進被古意包圍的廠區，可以感受到，文化創意的動力在此地成長。

8 公園號酸梅湯
懷念的滋味

老臺北人都知道，這間新公園邊的桂花酸梅湯。許多離家打拚的遊子，回國一定要來此品嚐街角的懷念滋味。當年大陸來臺的老兵，帶著家鄉的養生飲品——酸梅湯，民國五十年在新公園邊開張，一賣就過了一甲子。堅持以手工熬煮桂花、山楂、甘草、烏梅，不添加任何人工化學物質，口感自然清香，沁入心扉，酸甜味恰如其分。

地 臺北市中正區衡陽路2號

9 公園號蔥花長餅
純手工揉捏

與公園號酸梅湯比鄰而居，是搭配酸梅湯的最佳點心。路過店前，總是會被淡淡的麵香與蔥香吸引而停下腳步。以傳統方法擀製麵皮，揉捏出屬於麵粉的原始口味，咬勁、口感，都讓人不能忘懷。營業四十年左右，創店老闆娘：「古早味比較純，沒有加入什麼香料。」這味燒餅，為老臺北人的記憶時時飄香。

地 臺北市中正區衡陽路2號

10 嵐迪義大利麵館
平價好味道

就在八德路電子商圈的小巷子裡，嵐迪義大利麵館作風平實，價格更是近人。新鮮的食材與道地的義大利口味，一點也不輸給高檔餐廳料理。店老闆特別推薦，番茄海鮮麵與青醬蛤蜊麵，滿滿的海鮮幾乎比麵還多，獨家的香料調味，讓海鮮的味道發揮極致。另外咖哩奶油牛肉飯，也是人氣必點，咖哩香撲鼻，滲入每一絲味覺神經，好吃極了。

地 臺北市八德路一段82巷9弄1號

賞花觀生態
南門町三二三重現植物園

Ubike 輕旅行路線

萬華火車站 → 8分 → STOP 1 830M 臺北植物園 → 步行3分 → STOP 2 1.0K 布政司衙門 → 步行5分

△ 植物園生態豐富，常聚集許多野生鳥類。

▶午後的楓樹林，為青年公園點亮光彩。
◀剛整理好的南門町三二三，有好多值得探究的在地故事。
▼植物園的荷花池，是臺北旅遊不可錯過的地方。

漫步林間，輕風沙沙搖起了樹影，穿越有點古老又四季皆綠的城市森林，留下優雅輕盈的腳步。臺北南區兩座林木茂密的大型公園，曾是臺北人記憶中難以忘懷的某些片段，層層疊疊的林間光影，似數不盡的閃亮回憶。

植物園賞花看生態

一九一二年創設的植物園，歷史悠久，清幽的荷花池、隨風搖曳的野薔薇，隨著四季輪轉的自然變化，幾乎都可以在這座以植物教育、保育與學術研究多功能的植物園裡找到蛛絲馬跡。每年立夏以後，臺灣北部的荷花陸續展現風采。「國立歷史博物館」後方的荷花池，正是臺北市中心最老牌的荷花池。每逢夏日炎炎，清涼樹蔭圍繞著荷塘，人潮滿滿為自己與盛綻的荷花，寫一篇身心舒徐的賞花故事。

南門町三二三重現舊日光景

歷史悠久的植物園，當然保留某些重要古蹟。清朝時代的布政司衙門從延平南路中山堂附近搬遷過來，與大樹花鳥芬多精的香味同住。也許遊客會在森林裡迷路，但千萬別忘了，跨過布政司的門檻，追憶一段被遺忘的珍貴歷史。而荷花池畔的角落，半傾頹荒廢狀態的木造宿舍，則換上新衣，老房子門柱上的木製門牌寫著南門町三二三，重現日治時期「臺北州臺北市南門町六丁目三二三番地」的屋舍。

STOP 3 1.3K 南門町三二三
15分
STOP 4 2.7K 國立歷史博物館
8分
STOP 5 3.5K 南機場夜市
6分
STOP 6 4.1K 青年公園
12分
6.3K 萬華火車站

陽光穿透布政司衙門的古老窗櫺。

走進竹籬笆內的院子，就像傳統的日式茶道建築，小小的庭園很完整的設置「石燈籠」和「石製洗手盆」（手水鉢），茶色的建築外觀，簡單而乾淨，充足採光的日式拉門，輕輕一拉，滿屋子的檜木香氣傾瀉而來，洗滌身心的塵埃也澆灌空虛的心靈。

青年公園悠閒散步

青年公園與植物園距離不太遠，沿著南海路騎單車，只需五分鐘，清涼的綠意迎面而來。萬華西南區這座滿是大樹的公園，原是臺北鄉村俱樂部，四十幾年前改建為花木扶疏眾多運動設施的多功能園區。棒球場、游泳池、傘訓基地很自然的與樹海融合，走在林間小道，這些人工設施一點都不感覺突兀。小橋跨過生態池，水生植物沿著水道生長，夏天更有荷花綻開美麗丰姿。

青年公園是附近居民日常休閒之地，因為地處南機場，早年的眷村生活習慣與軍旅人文不著痕跡的在開闊草坪與林子裡遊移。午後陽光斜射，棒球場後的楓樹林透著春夏綠意，一道道光影落定離鄉背井的哀愁。

南機場美食　街燈後的家鄉美食

南機場，中華路尾端，日治時期的日本陸軍練兵場，當時也兼作機場使用，相對於松山機場的位置，所以又稱為臺北南機場。臺北人還是如此稱呼青年公園周圍地

青年公園除了運動設施，還有植物園藝展示。

域。老舊公寓的小巷子裡隱藏眷村家鄉美食，尤其是北方麵食，一間接著一間。每當夜色漸濃，人潮如織，南機場夜市牌樓的國旗依然迎風飄揚，街燈後的家鄉味從不間斷。

青年公園內的生態池，可觀察到許多水生態。

1 臺北植物園
N25 01.882 E121 30.532

日治時期設置以來，由培育熱帶植物到肩負起生態及試驗、教學功能。八點六公頃的園區內，遍植各種植物，尤其是荷花池，每年夏天粉紅花姿，已成臺北賞荷代表。

2 布政司衙門
N25.031395 E121.508837

位於植物園內鬱鬱蒼蒼的草木間，清朝時期是全臺最大的官衙，由劉銘傳設置掌管全臺重大行政工作，日治時期搬遷於現在的位置。雖然只保留部分建築，但身處古色古香的衙門內，仍可感覺得到歷史的痕跡。

3 南門町三二三
N25 01.961 E121 30.658

植物園荷花池畔，由原來的林業試驗所宿舍修復。因地緣關係位在植物園內，更能感受到它與當地歷史不可分割。就如臺灣各地所保留下來的日式建築一樣，這座茶屋採用的是「書道院」設計。

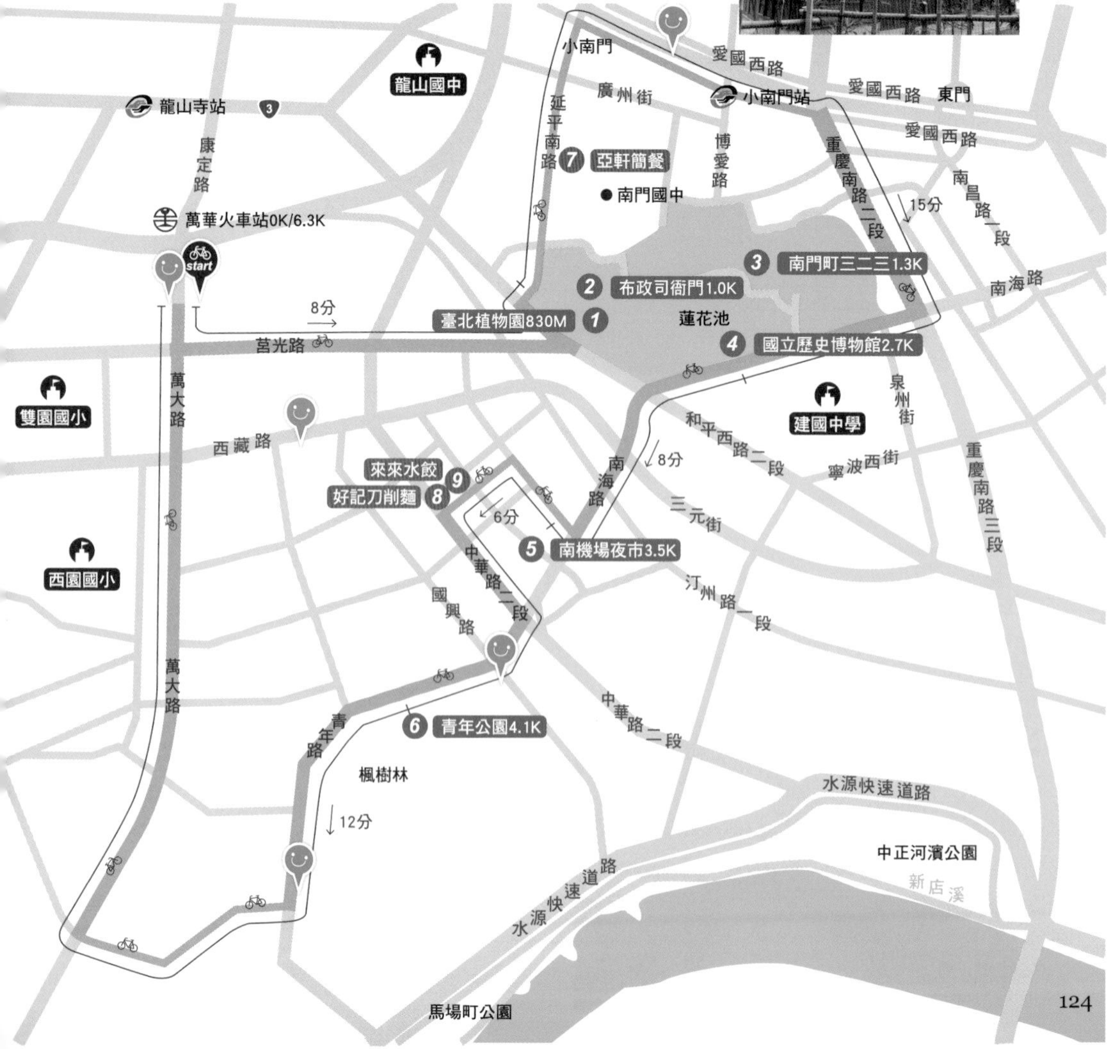

4 國立歷史博物館
N25 01.873 E121 30.677

南海路上與植物園相依相偎，除了外雙溪的故宮，此處是展示歷史文物的主要博物館。許多的知名重要展覽，常在此吸引長長的排隊人龍。建築風格融入明清風格，不論從植物園內的荷花池或外面的南海路眺望，都充滿典雅之美。

5 南機場夜市
N25 01.699 E121 30.405

中華路的老舊公寓群，曾是國際爭相參訪的示範住宅。隨著城市的成長，讓南機場發展出另一種代表性的生活風格，小吃聚集、家鄉麵食處處，高高掛起的國旗隨風飄揚，訴說著南機場夜市的不同之處。

6 青年公園
N25 01.545 E121 30.335

廣大的樹林及綠色植物，成為遊客及附近居民休閒散步的好地方。身處南機場地帶，也讓青年公園的興建及落成充滿故事性。園內有許多的運動設施與植物展示館，平凡的公園也能有不一樣的玩樂方法。

7 亞軒簡餐
多樣選擇現做好味道

位於植物園的後方，延平南路靜巷內，每到用餐時間座無虛席。亞軒簡餐的餐點雖說是一般簡餐，但全部都是現點現做，所以吃不到一般咖啡店或小餐廳裡的微波食品。而且簡餐種類豐富，牛肉、豬肉、魚肉及火鍋料理任君選擇。清蒸紅目鰱在一般的簡餐中少見，和風燒肉有濃濃的日式味道，鹽燒牛小排香嫩好入口，每一道菜色都可以選擇搭配美味的蛋包飯。

地 臺北市延平南路179巷5號

8 好記刀削麵
蕃茄酸甜味的牛肉麵

純手工的刀削麵，不軟爛又有咬勁，沒有一般市場上太粗難以下嚥的口感。老闆以精緻俐落的刀工，切削粗細適中的好麵條，為一碗平常的牛肉麵加分。以番茄燉煮，帶著水果的酸甜，感染了咬勁十足卻不老硬的紅燒牛肉。湯頭清甜，沒有太多的腥臊味，整體而言，是一碗可以擄獲人心的美食。如果不喜歡吃肉，可以點碗湯麵，除了沒有肉塊，番茄牛肉湯頭一樣清甜入心。

地 臺北市中華路2段309巷2號

9 來來水餃
皮薄Q餡香鮮

下午五點準時開賣，南機場的公寓巷子裡，只做晚上生意。一開門，排隊人潮接二連三湧入，為的就是大白菜與韭菜水餃。大白菜餡裡特別加入韭黃，提升原本清淡的氣味。而韭菜水餃香味濃郁，勁道十足，蛋酥、冬粉、蝦皮互相擁抱著韭菜，色香味兼具，幾乎是臺北水餃之最。想吃這味水餃，請在開門營業時盡早前往，愈晚排隊等待時間愈久。

地 臺北市中華路2段309巷9號

東南篇

享受時尚季節變換

忠孝東路四段553巷出口
EXIT
臺北文創大樓
Taipei New Horizon
服務中心
Information Center
捷運市政府站
MRT City Hall Station
1-5號倉庫
Warehouses No.1 to 5
台灣設計館
Taiwan Design Museum
巴洛克花園
Baroque Garden

水源市場

城南單車散步 逛新文學找舊故事

沿著新店溪畔的街道款款而行，小巷子風光靜謐溫暖，左彎右拐樂趣像探險一樣，看見老樹隨風搖曳，夏日的早晨，剛下過一場風裡的落葉雨，一片一片的葉雨，靜靜地停在少有人車的巷子尾。老樹和老房子，灑了滿地的故事和原木香氣。

紀州庵文學森林 再說故事

同安街底，靠近新店溪堤防邊的街角，不起眼的環河南路邊上，佇立著一幢日式老房子。高大的榕樹為伴，也不知過了多少年歲，老榕樹的枝椏幾乎可以遮蔽顯得古意盎然的房頂。單車騎到這裡，已經是臺北城市的邊緣，再往前走便是河岸的跨堤天橋。站在天橋

Ubike 輕旅行路線

捷運臺電大樓站 → 6分 → STOP 1 420M 臺北市客家文化園區 → 6分 → STOP 2 1.0K 紀州庵 → 4分 → STOP 3 1.5K 牯嶺公園 → 10分 → STOP 4 2.5K 郵政博物館 → 5分 → STOP 5 2.9K 臺灣博物館南門園區

里程：3.6KM　旅行時間：3 小時

紀州庵後方綠蔭成林，草皮翠綠，一大排拉門下涼風徐徐。

席地而坐於紀州庵通風的房屋設計裡，夏日炎炎也有幾分涼意漫過談笑間。

上，方才明白河岸與這幢老房子的連結關係。

老房子叫紀州庵，好久以前是一間料理屋，日治時期因為店主人想家，就以紀州命名以緬懷故里。房子裡不時飄著木香，是想家的味道或是感嘆歲月的芬芳。曾經傾倒頹廢，整修完成後的紀州庵，收攏著老故事，只要走進來，帶著一顆隨時光成長卻不流逝的心，一定會找到感人的情節。

這幢日本式房子有著前後開放式拉門，打開所有的門板，大草皮的風會輕輕的在屋子裡對流，坐在榻榻米上，就算是盛夏也有幾分涼意。黃昏時候，成排的遊人面對著大草皮，那份悠閒彷彿說起當年的盛況。漫步走過石磚步道，紀州庵新館以文學森林重新揚起現今的風貌，文學、演講、茶館，膩個一整天都是原木與文學的森林香味。

牯嶺公園　櫻花春季限定

中正橋頭下，廈門街舊貨商店前轉個小彎，櫻花公園呈現眼前。雨天，打落的櫻花灑在人行道上，落花多的地方抬起頭，樹上大多是花滿枝椏。

牯嶺街上的牯嶺公園櫻花比較晚開，但卻是市區小公園最盛大的花況。大臺北地區的櫻花漸近尾聲同時，大約是牯嶺街櫻花的季節了。春寒風雨中穿越附近小巷子，一個轉彎，迎面而來的滿樹紅豔，不禁讓人心中喚起幾聲驚嘆。賞花最好在一大清早，陽光下抬頭仰望，一簇簇花紅抹在濃濃的春日枝頭，對面有舊房子襯托，那種陽臺鋪磁磚表裡如一的老公

3.6K 羅斯福路寧東街口 Ubike站

3分

來到南海路與羅斯福路口，一定要走進充滿外省家鄉味的「南門市場」。

3.4K 南門市場

6分

STOP 6 3.0K 臺灣菸酒公司

2分

臺灣博物館南門園區，必遊紅樓與小白宮，裡面有著不可不聽的歷史。

寓，雨中看著紅花老屋，平添幾分樸實的舊意。

臺北城的石牆
南門園區落腳

牯嶺街並不太長，往市中心方向騎，大約在南海路口結束。這時別忘了走進郵政博物館，看看臺灣郵務展覽。接著走過往日菸酒公賣局的古老建築，跨過南昌路，駐足臺灣博物館南門分館。其中「小白宮」外牆的唭哩岸石，是當年拆除臺北舊城牆，在此重建利用。閒步園區內許多遺跡與解說，方知「臺灣總督府專賣局臺北南門工場」的日子，匆匆已過百年。

停好單車，移動飢腸轆轆的腳步來到南門市場吧！臺北市最大最豐富的外省家鄉料理，等著餵養肚子與心靈。

騎著Ubike來到南門園區，看見地上鑲著南門工場的故事。

紅樓荷造場 1915
3月31日落成，是貯放樟腦及鴉片成
玉山銀行
國立臺灣博物館
NATIONAL TAIWAN MUSEUM

2 紀州庵
N25 01.266 E121 31.224

靜靜地佇立在新店溪堤防邊，隔著水源路與溪水相連。近來整修完成，古意盎然。一旁的紀州庵文學森林，再次以文化及文學給予河畔新生命。

1 臺北市客家文化園區
N25 01.247 E121 31.515

以客家文化中心為主，館內常設客家文化展，深入介紹客家文化與在地風情。外部也有客家的農務風景與美麗的鄉村稻田實做體驗。

3 牯嶺公園
N25 01.396 E121 31.135

平常並沒有什麼特別的社區公園，春天時分的櫻花盛況，是臺北市小公園之最。附近老公寓圍繞著櫻花景色，形成一種城市舊意與櫻花相映的賞花情境。

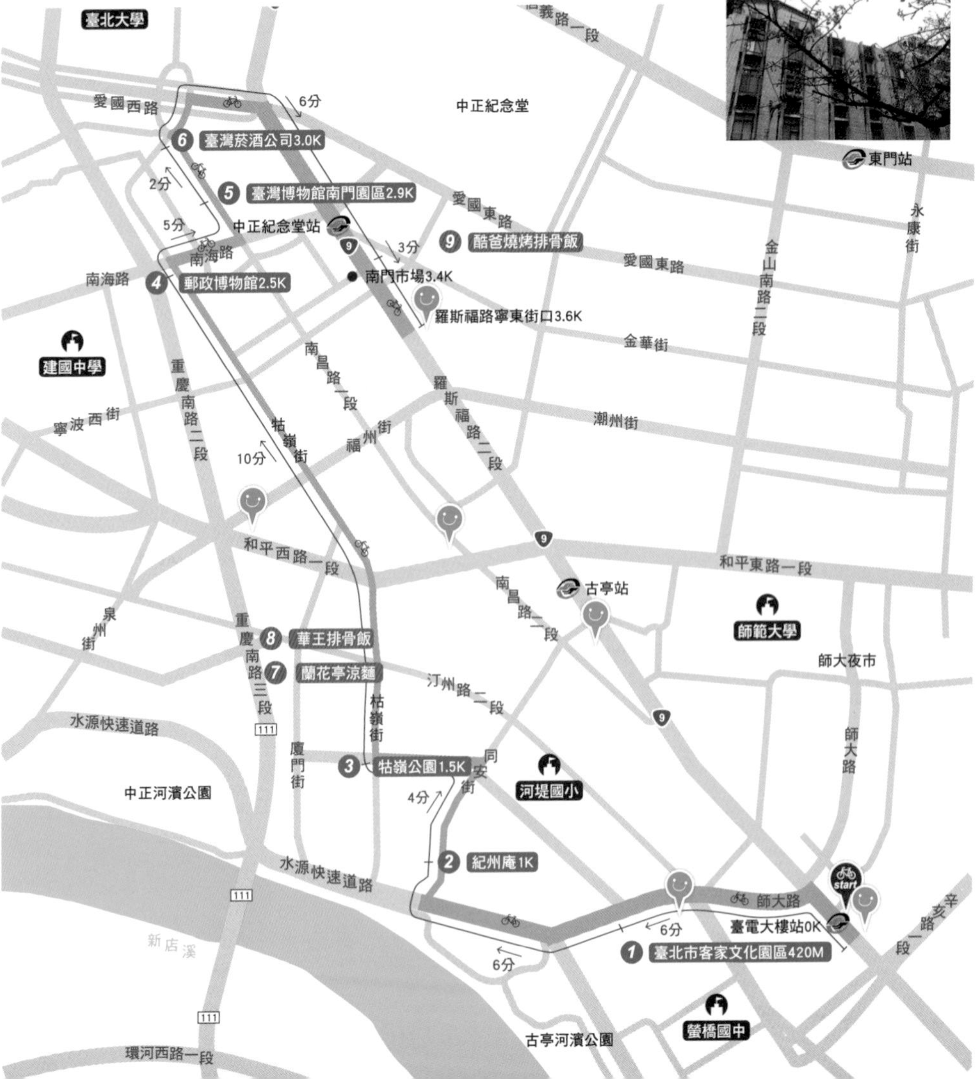

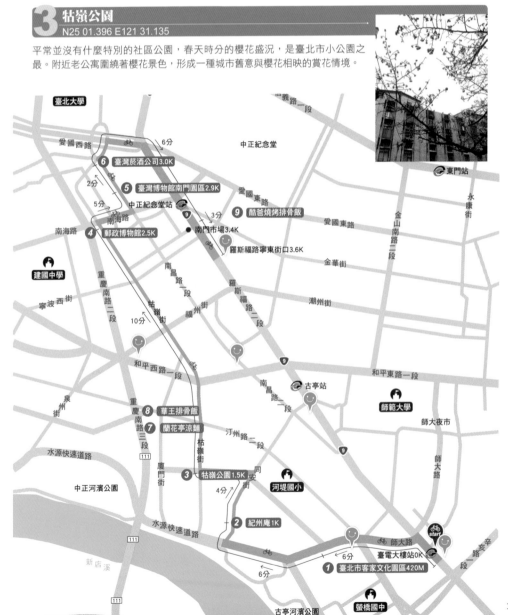

4 郵政博物館
N25 01.902 E121 30.895

從枯嶺街騎過來，剛好是郵政博物館的後門。「古代郵政文物陳列室」及「現代郵政陳列室」從清末至滿清巡撫劉銘傳在臺興辦新郵，以及臺灣光復後各時期郵政建設歷程，都在這裡展示。

5 臺灣博物館南門園區
N25 02.018 E121 30.941

走在南昌路上，經過歷史建物再利用的前日治時期南門工場，重修後，收編為臺灣博物館南門園區。裡面的紅樓與小白宮，曾是日治時期的樟腦及鴉片製造基地。

6 臺灣菸酒公司
N25 02.062 E121 30.894

紅白相間英國維多利亞風格外牆的「菸酒公賣局」，一九一三年初建。不必走進這幢古老的房子，只要靜靜的望著它的外觀，就可以感受到過去與現在的時光交錯。

7 蘭花亭涼麵
四十年不變的好味道

蘭花亭涼麵一九六六年創立，當年陳老先生推著手推車，在汀州街街頭叫賣涼麵。曾經得過美食獎、優良食品獎，還是維持一貫的平民價格。涼麵發展出多種口味，但以簡單的涼麵最受歡迎，香而濃郁的醬汁，搭配著Q彈的麵條入口，香氣與實在的醬料會在嘴裡停留好一段時間，讓人回味不斷。而精心熬煮的味噌湯，紮實的板豆腐與五香豆皮，加上日式做法，與涼麵相遇激盪出再來一碗的熱情火花。

地 臺北市重慶南路三段87號

8 華王排骨飯
中正橋頭必吃平民美食

排骨飯和雞腿飯都是這裡的招牌，油鍋火候控制得恰到好處，皮薄又酥又脆的外衣一咬下去，除了味覺與視覺的享受，更有聽覺上的加分效果。加上微辣的蘿蔔乾，更襯托出雞腿的香酥口感。炸排骨更是這裡最受歡迎的主要餐點，特殊的調味方式，炸出不一樣的香酥排骨，而份量足又豐富的菜飯，絕對能飽足美味的一餐。

地 臺北市中正區重慶南路三段83號

9 酷爸燒烤排骨飯
中餐西吃創意料理

略帶西式的彩盤上擺著普通的帶骨豬排，樣子看起來並不怎麼特別，就和平常的排骨飯一樣。但盤中的主角，那塊排骨，卻有著一股似曾相識的香氣，混合著火烤的味道，對於排骨飯來說，是很獨一無二的新體驗。燒烤排骨飯，先煎後烤，略帶著西式香料的美味，少油膩的烹調方式，讓口感更加滑順。沒有炸物的油膩感，以排骨料理來說是一種新的味覺體驗。

地 臺北市寧波東街20號1F

松山菸廠四四南村 體驗昔日文化新創意

走進臺北東區，繁華的街道已經掩蓋了原本荒涼的平野，篳路藍縷的日子化做塵煙，成為一段難以憶起的過去。時尚味十足的水泥森林裡，其實還保留著過去純樸的顏色，低調簡約，又再次引領著念舊的腳步。

松山菸廠大變身 體驗創意新文化

搭上捷運，國父紀念館下車，走一小段人行道，在市民大道就可看見，花木扶疏、綠意盎然的松山菸廠大門。日治時期留下的松山菸草工廠，荒涼過好些時候，裡面的建築簡約而充滿人性化，當年以工業村概念規劃，生產線以外更加入員工福祉考量，保留大面積空間，修築花草庭園。

△ 四四南村保留著以前的眷村光影。

Ubike 輕旅行路線

捷運國父紀念館站 → 7分 → STOP 1 松山菸廠 700M → 12分 → STOP 2 國父紀念館 2.1K → 10分 → STOP 3 四四南村 3.2K

里程：5.1KM　旅行時間：4 小時

▷ 推開松山菸廠古老的窗戶，迎面而來的是美麗的巴洛克花園。
◁ 松山菸廠裡保留了許多過去廠房與歷史。

簡單的灰色風格嵌著黑色窗框，推開窗門，巴洛克風格的花園草皮映入眼簾，以往的廠房，搖身一變，成為今日的文創空間。走在足音迴盪的長廊，文化及創意展覽，一個接著一個，不變的松菸留住多變的世界一角。誠品在這裡建了大樓，裡面又是另一種文創風格，新麗而有條不紊，如果剛走過古老的菸草廠房，誠品逛起來物換星移的感覺會特別強烈。找舊意、玩文創、吃美食，松菸文化園區全都有！

一〇一不遠處　品味昔日眷村生活

國父紀念館和松山菸廠隔著忠孝東路，綠樹隧道圍繞四周，Ubike靜靜佇立樹下，沿著自行車道標線走，掠過臺北市政府與一〇一腳下，轉個小彎便來到四四南村了。黃金地段信義區，早期是兵工廠，廠內工作人員為了方便上班，大多就近居住村裡。當都市浪潮淹沒平淡眷村生活，也只能留下些許值得懷念的老記憶了。

四四南村的舊日生活光影，彷佛是一〇一大樓的基礎石，站在村子裡的廣場，向天際眺望，怎麼都揮不去那幢讓脖子痠痛又疲憊的一百零一層高度。村子的房舍是當年一部分村落遺跡，很有趣的是色調與不遠處的松菸相仿，簡單樸實，以生活為出發點，不豪華卻溫暖十分。眷村文化館免費參觀，跨進大門，輕鬆翻閱一頁頁軍旅生活片段，食衣住行娛樂和那個時代的想家心情，舊了、老了，卻也珍貴了。

△ 口福水煎包的蔥油餅香酥味道好。

5.1K 捷運信義安和站 — 5分 — STOP 5 4.8K 臨江夜市 — 5分 — STOP 4 4.3K 臨江公園 — 10分

◀ 四四南村與臺北一〇一相距不遠，抬頭有新舊並存的歷史交融感。
▼ 通化街與信義路口的夜色，適合單車漫步。
▼▼ 臨江公園裡大樹圍繞，逛累了，好休息。

通化街小公園品嚐美食

村子外的信義路上，自從象山線捷運完工落成，畫上自行車專用道，一路直達臺北市中心，不必與汽車爭道，腳踏車的旅程因此添上幾分悠閒。自行車道帶領單車路過通化街，附近有許多小公園藏身巷弄，綠意讓夏日的城市微涼，讓冬季的街道輕暖！

通化街一七一巷口，空氣裡藏著焦黃色甜味，破舊的矮房子，有著臺北市過去的時光遺跡，打開碳烤爐，一整爐胡椒餅和蔥花燒餅的味道微微上升，濃郁的古早味竄進只剩現代汙染的頭腦裡。坐在大樹下，品味通化街上的美食，是多麼享受的一件事情。等待夜色降臨，逛進臨江街夜市，美食、商品更是琳琅滿目。

黃昏的天色是城市最美的畫布，通化街信義路口前的人行道適合眺望，回首東方，昏黃街道與一〇一燃起燈火，點點亮麗落入鬱藍的懷抱，入夜前的景色美入心扉。

眷
村
文
物
館

2 國父紀念館

N25 02.399 E121 33.601

擁有大面積綠地，雄偉的建築悄然佇立四十二個年頭。館內設有展覽並成為許多大型活動及藝文聚會場所，是附近居民及遊客必訪臺北景點。閒步偌大的周邊公園內，身心舒徐。

1 松山菸廠

N25 02.645 E121 33.609

現已變身松山文創園區，除了保有舊有廠房及工業文化，同時進駐文化藝術。老建築、巴洛克花園，簡約風情自成一格。一旁的誠品松菸館，從書香到旅館，更是文化創意的代表。

3 四四南村
N25 01.880 E121 33.713

早年因位於四十四兵工廠南方，故名四四南村。自從信義區發展後，差點被拆除。據傳為臺灣第一座眷村，也是第一座被保留下來的眷村。目前內設有信義公民會館及眷村文物館，充滿時代過往的痕跡。

4 臨江公園
N25 01.691 E121 33.345

臺北市巷弄裡的小公園，綠意盎然、大樹環繞，十足胡同裡的寧靜氛圍。因臨近通化街商圈又離臨江夜市不遠，可以在逛完街以後，提著美食走到公園的長凳上，來一場浪漫悠閒的公園之約。

5 臨江街夜市
N25 01.809 E121 33.257

位在基隆路及通化街之間，是一個從早到晚都營業的市場。早上以新鮮蔬果傳統市場為主，入夜以後接著五光十色的夜市生活。各式各樣的美食羅列其中，走一趟臨江夜市一定能滿足騎過單車的飢餓感。

6 稻禾烏龍麵
松菸誠品B2

烏龍麵是日本的國民美食，現在臺北市松山菸廠這裡也吃得到。位於誠品地下二樓美食區，經常大排長龍，想當然好吃程度受到大眾的肯定。從清淡的柴魚上湯烏龍麵到湯頭濃郁的咖哩拌麵、湯麵，多樣化的選擇滿足每一位不同口味的客人；小菜梅汁番茄，一整顆新鮮番茄以特別的烹調方式，讓番茄的口感呈現全新體驗，酸酸甜甜的就像戀愛的感覺。

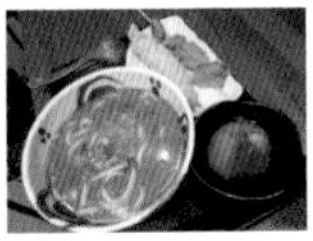

地 臺北市菸廠路88號B2

7 VIIA Caffe
臺北巷弄歇歇腳

VIIA Caffe就在光復南路的巷子裡，一間轉角咖啡店。VIIA Caffe最特別的是，由原裝的瓶裝飲料調出的杏桃微酒精氣泡飲，淡淡的白酒香牽引杏桃果香在氣泡中跳著舞，好喝極了。花生拿鐵，奶香、咖啡香，花生的香味與果粒，竟然是如此的順口。帕里尼義式香料起司豬肉，厚實的餅皮，外層略為焦黃，起司與香料結合搭配燒肉，一口接著一口，無限滿足。

地 臺北市大安區光復南路180巷6號1樓

8 碳烤燒餅
矮房子裡的麵香

破舊的矮房子，彷彿臺北市過去的時光遺跡，打開碳烤爐，胡椒餅和蔥花燒餅，聞見一整爐子金黃色味道和微微上升的熱氣。蔥花燒餅特別好吃，麵皮筋性夠，有咬勁。嚼在嘴裡，麥香、碳香、蔥香，在舌間打轉，一陣翻轉後落入喉嚨深處，餘韻依舊。老闆特別選用無煙木碳烘烤，所以香味特別濃、味道特別好。難怪，每次路過這間小小的燒餅店門口，總是香味四溢。

地 臺北市通化街171巷4號

9 金羅道韓式料理
道地韓國美食

平價、美味、道地是這裡的特色，吃過金羅道韓式料理以後，幾乎很難再覺得其他地方的韓式料理好吃。石鍋拌飯鋪上滿滿的食材，再加上特製的韓式辣醬，與熱騰騰的鍋巴一起攪拌，屬於韓國的味道直竄腦門。韓式什錦炒麵料多實在，海鮮味十足，是一道不可錯過的韓式好味道。

地 臺北市大安區通安街62號

10 口福水煎包
別處吃不到的平價好味道

不知從什麼時候開始，光復南路與信義路口出現多種口味的水煎包。經營十幾年來，每天都在清晨五點多開始備料，而且價錢便宜，可見店家的用心。除了大家常吃的高麗菜與韭菜口味，更有獨家研發的雪裡紅、竹筍、絲瓜、蘿蔔絲、胡瓜等少見的水煎包。還有炸蛋蔥油餅，酥脆的餅皮加上油炸的荷包蛋，香味絕佳，令人回味。

地 臺北市大安區信義路與光復南路交叉口

臺大校園慢騎 徜徉季節變換之美

冬末寒未盡，一抹春意何時才能吹進臺北。入春的臺北街頭，老是瀰漫著若有似無的寒意，偶爾飄起小雨。街上的行人踩著溼冷腳步，悄悄的跟隨一個多月冬雨，把失去已久的暖意，幻化成期待。

三月臺大杜鵑花開 體驗人文花季

乘著春日光景騎過校門，椰林大道上的杜鵑迎風招手；早年園藝系杜賡甡教授，於六張犁一帶山區採得野生杜鵑，也同時向農家收集引進栽種。幾年後又因陽明山仰德大道拓寬工程，移植龍柏，順便附贈大量杜鵑花及茶花給臺灣大學。因這幾段花事歷史，臺大校園花語更加豐富、花期更多彩，春天綴上了花的幸福，每

△ 每年三月臺大杜鵑花節，充滿老建築人文風情。

Ubike 輕旅行路線

捷運公館站 — 2分 — STOP 1 300M 椰林大道 — 2分 — STOP 2 620M 傅鐘 — 1分 — STOP 3 700M 行政大樓

▶ 農藝館前苦楝老樹，覆雪般開滿樹梢，馨香飄溢。

◀ 臺大校區的各系館校舍大多保持原有樣貌，老樹映著各式舊建築，古意氛圍，濃厚。

年春天時分一定會準時為即將溫暖的季節添上瑰麗。

臺大的杜鵑花有種特別的韻味，花季一到，賞心悅目的杜鵑花四處滿開。老高的椰子樹撐起臺北的天空，輕風陣陣撩起書卷氣息，老房舍、舊單車，映襯出一種別處找不到的校園杜鵑氛圍！三月裡，臺大的杜鵑花正逢盛花期間。春天氣息才剛甦醒，臺大校園也染上了一分水木清華！

行政大樓古蹟慢步

椰林大道中段右側，有幢行政大樓，年紀比臺灣大學還長九歲，日治時期屬於「臺灣總督府臺北高等農林學校」，黑瓦紅牆、水池花園、西洋式建築景色美不勝收！來到此處，不妨停車駐足，隨意坐在樹蔭下，讓大樹和綠意將自己包圍，聆聽單車穿越春天的聲響，靜靜等待花園「傅鐘」響起。

陽光灑在行政大樓古蹟紅色牆腳，光影往半開的舊日窗櫺傾倒。走進行政大樓那個時代的長廊，現在的日子還活在老建築裡，春日微光從木窗斜斜的落在磨石地面，學生的腳步聲迴盪在拉長的窗影上。大樓裡保持著舊樣貌，巴洛克石柱、木窗門、洗石牆腳，窗外透著午後的味道。疲累一天的陽光躺在窗外的草皮上，通泉草迎風招手，紫色花朵欣欣向榮，映著老邁的紅磚牆，它老得好美。

捷運公館站 3.5K — 3分 — STOP 8 3.2K 地質學系館 — 4分 — STOP 7 2.9K 瑠公圳生態池 — 7分 — STOP 6 2.1K 農藝館 — 5分 — STOP 5 1.7K 醉月湖 — 5分 — STOP 4 1.2K 圖書館 — 6分

單車逛校園　徜徉季節變換之美

落葉滿鋪、冷風徐來，隆冬景色一覽無遺。每個轉彎，似乎都會有一次驚喜。走在水杉林下，地上落了羽狀水杉葉，「水杉大道」的空氣中杉林香味飄溢；深冬的體育館旁滿樹楓紅，比起上山賞楓更輕鬆更悠閒，拾起幾葉冬紅，怎能不滿心詩意呢！

「農學院實驗農場」外的臺灣欒樹，灑了一地黃褐相間色彩，彎進小路，農場田地開遍花朵，不期而遇的喜悅充滿心中；「地質學系」前的銀杏，每到冬末，散落一地扇形黃葉，一次次，把喜歡季節約會的老朋友召喚回來。入春後，「農藝館」前，熟悉的花香飄過，漫步微風中，淡淡的香味漫過身邊，高大的苦楝樹沾染著春天薄雪，嫩綠、輕白的顏色落成地上淡香的影子。

大自然淡雅美麗，老建築人文佐注，有學院文化的季節變換像清湯灑了海鹽，鹹鹹的卻依然清爽可口。若是遇見滿地落花，請停下單車，拾起每一次的「再見！」

▷ 臺大校園花木扶疏，天天都像在花園裡騎車。
◁ 苦楝花，也一起為臺大的季節變換飄香。
▽ 老房舍、樹爺爺、散落一地的黃葉，景致如畫。

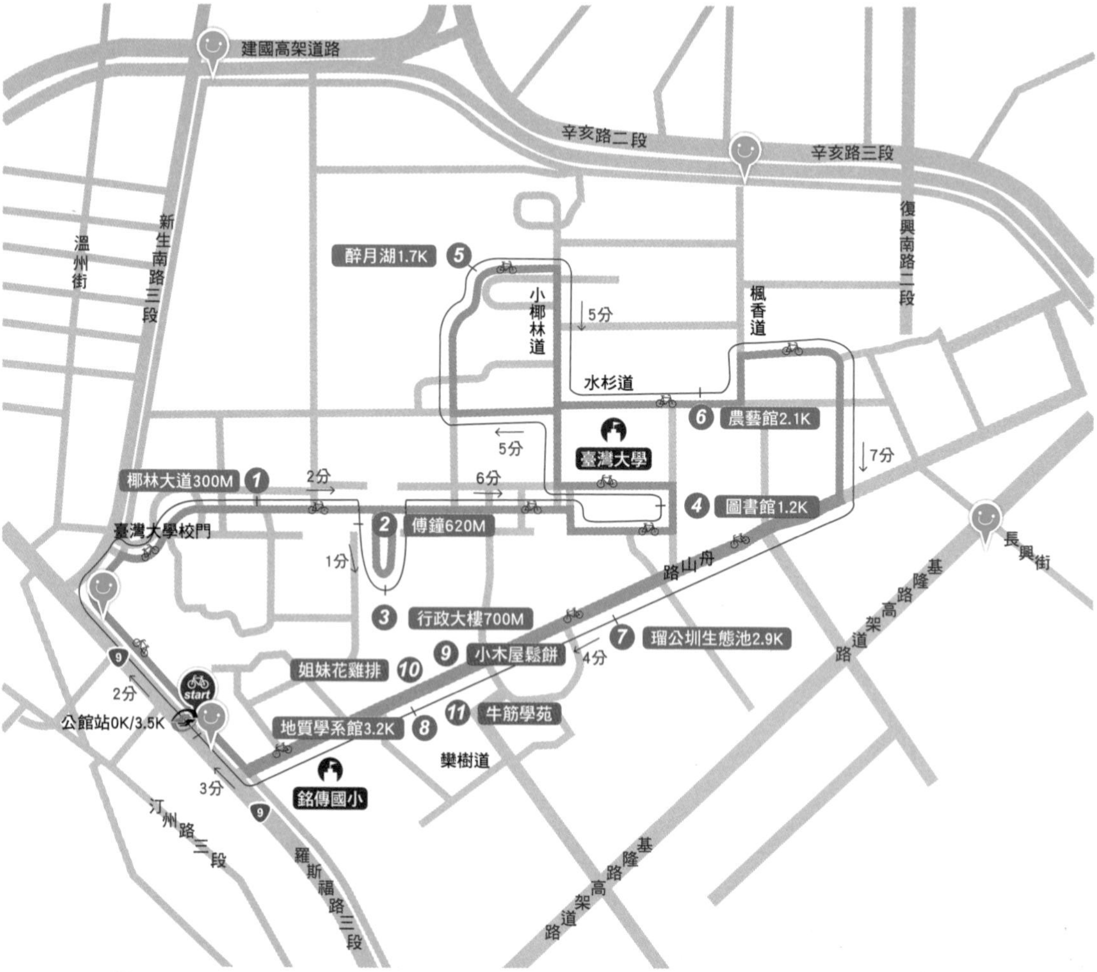

2 傳鐘

N25 01.031 E121 32.203

位於行政大樓前方，歐式花園、噴水池與校舍背景，包圍著歷史悠久的傳鐘。鐘聲響起時，美景在季節裡迴盪。

1 椰林大道

N25 01.036 E121 32.096

成排的大王椰子向遠方延伸，就像臺大校園既深遠又豐富的印象。沿著開闊的視野為中心，騎向校園其他景點。

3 行政大樓

N25 00.990 E121 32.206

位於椰林大道中段，傳鐘佇立前方，水池花園相伴，有若歐洲中古世紀的建築況味。上班時間可步入行政大樓，內部古意盎然保存完整。

4 圖書館
N25 01.055 E121 32.413

椰林大道路底，目前為臺灣大學新圖書館，單車可以繞行前方花園。椰子樹、大草皮、雨後的花朵，為開闊的視野添上瑰麗。

5 醉月湖
N25 01.190 E121 32.283

舊名牛湳池，原是為了調節瑠公圳用途，現已成為臺大校區裡的著名景點。倒影垂柳、生態豐富，有閒時不妨坐在湖畔，發呆半晌。

6 農藝館
N25 01.108 E121 32.446

春天時分，一定要來農藝館前體驗老苦楝的濃郁花香，遠遠的看見苦楝花覆雪般開滿樹梢，與簡單的校舍相映成景。

7 瑠公圳生態池
N25 00.970 E121 32.367

源自於瑠公圳的歷史，其實是臺大的生態池，位在生命科學館旁。沿著舟山路走來，可以看見水生植物及水鳥等生態，如夜鷺、小白鷺、蒼鷺、紅冠水雞。

8 地質學系館
N25 00.911 E121 32.222

入秋後，系館前的銀杏開始泛黃，跟著冷風吹起，隆冬時節滿地亮黃銀杏落葉。據說這株銀杏是臺北的唯一，也是北臺灣的唯一。

9 小木屋鬆餅
多樣化選擇

小木屋鬆餅坐落在清涼的大樹下，饒富變化的鹹、甜口味，還沒品嚐便滿足多樣選擇的趣味。店家特別推薦的抹茶紅豆鬆餅，濃濃的日式抹茶香擁抱滿滿的紅豆泥。大口咬下，現烤的酥脆鬆餅在口中碎裂瓦解，再往下咬，或鹹或甜的餡料堆疊出驚豔的多層次口感，難怪小木屋的周圍總是圍繞著人群樹下野餐。

地 臺灣大學內，舟山路上農產品展示中心旁

10 姐妹花雞排
三十公分的誘惑

臺大校園內的排隊美食，除了校內師生以外，每天都吸引外來遊客或路過客排隊等待。二十幾年前舟山路仍然是一般道路時，三姐妹一早跟著父母擺攤賣早點，中午過後開始賣雞排。一直到舟山路歸納為臺大校園，在學生的聯署下進入臺大合作社。不油膩又保有雞肉湯汁，調味料更是一絕，二〇〇六年更榮獲農委會北市黃金雞排王。

地 臺灣大學內，舟山路上農產品展示中心旁

11 牛筋學苑
原汁拌麵便宜的美味

隱身鹿鳴堂裡，用餐時間一定大排長龍。以「前腿的腱子肉」再加上「牛筋學苑」牛肉麵獨門配方，慢火精燉。讓牛肉軟而不爛，吃起來略帶筋肉同源的口感；不想吃肉，那來一碗好吃又便宜的原汁拌麵，以濃濃的牛肉湯汁乾拌滑溜的麵條，簡單口感卻能嚐到牛肉麵的精華。

地 臺灣大學，鹿鳴館內

悠遊師大巷弄　尋訪名人故居

慢騎著單車，輕輕滑過葉影婆娑的小巷子，沒有人車的喧嘩、高樓的氣焰。有點高又有點簡單的水泥圍牆裡，伸出巨人手掌似的麵包樹葉子，抬起頭，樹爺爺長得好高好大，風一吹，幾片黃葉飄落了青田街上的幽靜與人文。

青田街、溫州街、永康街、和平東路一帶，日治時期被稱為「大學宅第」，時至今日，許多日式屋舍仍然散居在附近巷弄裡，歷史文學氛圍盈溢。

永康街美食對面的舊石牆

永康街美食櫛比鱗次，三步一小吃、五步一大餐的讓人無法抗拒，鼎泰豐、芒果冰、刀削麵等，再餓也裝不下滿街

△馬廷英故居內保留著原來的建築風貌。

Ubike 輕旅行路線

捷運東門站 → 7分 → STOP 1 750M 臺北監獄圍牆遺跡 → 10分 → STOP 2 2.2K 中正紀念堂 → 15分 → STOP 3 4.5K 青田七六

▷推開青田七六大門，還能看見原汁原味的日式風格住宅。

◁◁原味呈現，彷彿走進臺北舊日子的日式木板屋（殷海光故居）。

◁殷海光故居隱藏在溫州街綠意盎然的小巷子底。

的美味。小巷子轉個彎，仔細看看金山南路的中華電信旁圍牆，其實大有來頭。當年此處為臺北監獄，一九六三年逐漸遷移後留下這道古牆，其石材為日治時期拆除臺北舊城牆留下的安山岩及唭哩岸石。遙想清朝時代努力建城，日治時期的抗日悲壯，到國民政府至今的繁榮街景，黯然留下的一堵老舊石牆，能喚醒多少人在此為過去駐足緬懷。

中正紀念堂四季花香　夜色好散步

中正紀念堂的外圍特別適合單車踩踏，迴廊式的外牆開了許多不同造型的窗，特別的窗櫺幾何連綿一、二公里，騎車掠過藍色琉璃瓦純白高牆，每個窗內都有不一樣的風情。

深冬梅花綻放，花落滿地鋪雪白、花香淡淡好盈袖；春天櫻花盛綻，八重櫻花道更勝山郊野外。偌大美麗的園區內，不同季節有不同的賞花情境，還有豐富的動植物生態；雄偉的國家音樂廳及劇院，蘊藏藝術瑰寶，國家級的展演大多在此展露芒角。昏黃燈光亮起時，中正紀念堂的夜色幽美清靜，單車可以停在對面的中央圖書館Ubike站，慢步走過中山南路，寬闊的廣場裡燈影闌珊、微風徐徐，慢活的舒暢滲入心扉。

師大巷弄尋訪名人故居

大樹綠蔭為青田街增添幾許悠閒，不少是日治時期的老樹，樹下舊宅第保持原來風貌，就像七巷六號的青田七六，原為馬英廷教授故居。黑色

STOP 4　5.5K　梁實秋故居

8分

△梁實秋故居彷彿踩進大師往日的步履。

STOP 5　6.3K　殷海光故居

5分

STOP 6　6.9K　大安森林公園

3分

7.7K　捷運大安森林公園站

12分

中正紀念堂周圍方便停車觀景。
那個時代的故事都寫在殷海光老房子的舊窗櫺上。

瓦片屋頂、木板外牆，一走進大門就可以看見原汁原味的舊風貌。自從列為古蹟保存以後，以藝文方式經營，可以在充滿故事的老屋子裡喝下午茶悠閒談心。如果想要探訪一份沒有干擾的名人故居，不妨往溫州街十八巷的殷海光故居走走，純粹訴說臺大教授殷海光對言論自由的堅持，沒有任何商業氣息。老屋子、舊庭園一如往昔，院子裡還保留著殷教授生前親手完成的愚公山、孤鳳山等。巷子外是師大夜市，很難想像，在另一頭還有一座名人梁實秋故居，沿著雲和街進來，幾步路就到了。在一九七三年梁大師移居美國時，還寫了一首詩懷念庭院裡的麵包樹。走在石板小路上，麵包樹的葉子再次落下那年的歷史。

大安森林公園楓樹綠蔭自行車道

大安森林公園原本是眷村，經過拆除整建，民國八十三年成了臺北市區第一座森林公園。圍繞著公園的人行道上種著整排的楓樹，樹下畫上平坦筆直的自行車道，每逢秋涼時節，騎著單車穿越楓紅層層，幾分愜意湧上心頭。自從象山線捷運通車，信義路也畫上了自行車道，連接永康街與中正紀念堂十分方便。

走過巷弄名人故居，在大安森林公園站歸還Ubike，踩著微風走進森林綠意。原來，尋訪那年大學宅第文學風格，也可以像走在陽光閃爍的樹下，如此愜意簡單。

楓樹自行車道圍繞著大安森林公園。

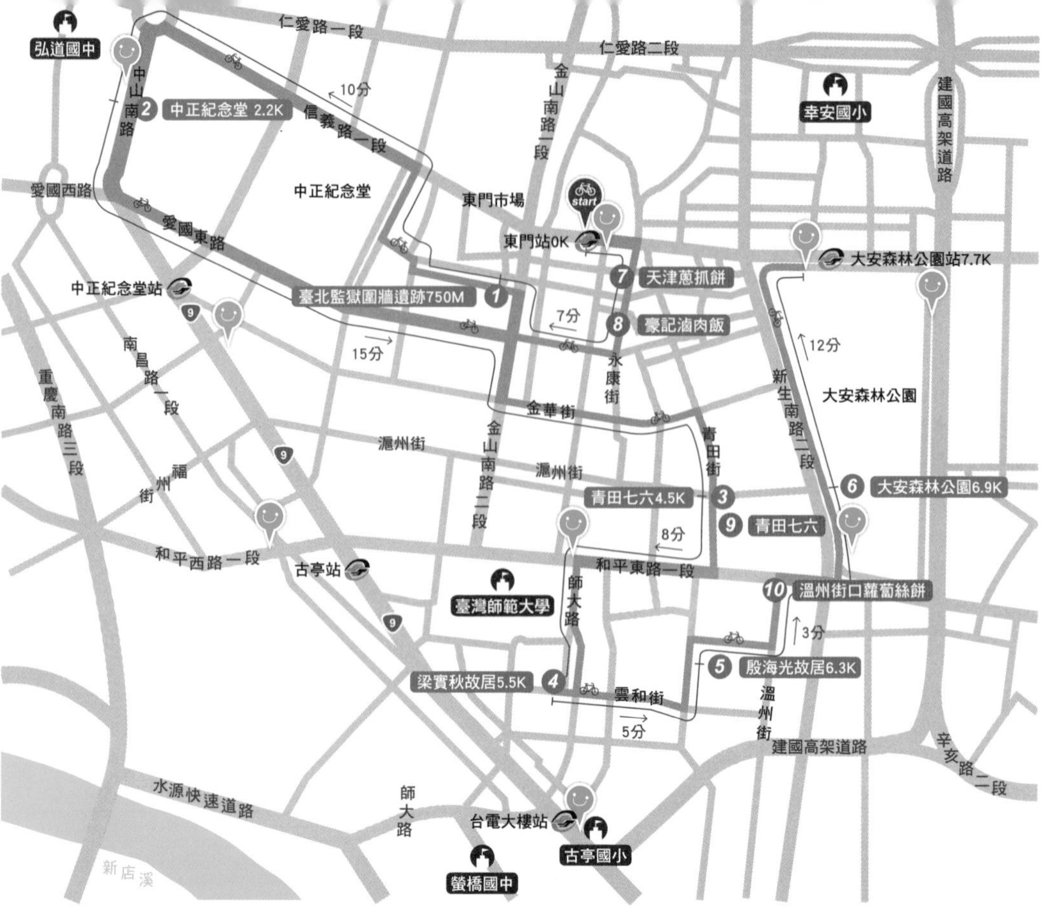

2 中正紀念堂

N25 02.216 E121 31.045

夜色中路過中山南路，自由廣場牌樓的光影讓人駐足，漫步在偌大的中正紀念堂廣場，是城市中難得的悠閒時刻。園區內花木草坪照顧良好，不同季節有不同的賞花主題，走過花木扶疏，還有豐富的國家劇院及音樂廳充實精神生活。

1 臺北監獄圍牆遺跡

N25 01.974 E121 31.624

看似久經風霜的石牆，隱藏在金山南路中華電信旁的小巷子裡。石牆的材料來自於臺北舊城牆，經歷了多少風霜，造就它現在的外表。大約百來公尺的石材邊牆，是臺北府城城牆僅存遺蹟，也是日治時期臺北刑務所的圍牆。

4 梁實秋故居

N25 01.427 E121 31.668

越過繁華的師大夜市，從雲和街走進來，沒幾步路就看見不太起眼的大師故居。同樣是日式宅邸，簡樸的內外曾是大師作育英才、成就文學作品的雅舍。大師移居美國時，為庭院裡的麵包樹寫了一首詩，獻上無限的懷念。

3 青田七六

N25 01.681 E121 31.946

隱藏在綠樹成蔭的青田街巷弄裡，七巷六號成了它的名字，走進大門，原汁原味的日式風格住宅映入眼簾。原是臺大教授馬廷英居所的青田七六，是青田街老屋的代表，坐在充滿舊意的藝文咖啡，啜一口創意咖啡品味古今交錯。

5 殷海光故居

N25 01.453 E121 31.927

並沒有商業進駐，只有殷海光教授為言論自由打拚的堅持。溫州街十八巷的某個胡同裡，敞開綠色的大門，石板步道與簡單的綠意，牽引著我們的腳步走進舊意如往事的老房子裡。那一段悲傷的歷史，都收藏在此。

6 大安森林公園

N25 01.642 E121 32.106

面積廣闊的大安森林公園，像森林一般綠意盈盈，圍繞著公園的人行道楓樹下有筆直平坦的自行車道。貼近公園與綠蔭騎單車，十分享受。入冬以後，楓樹逐漸轉紅，微涼的天氣下掠過變色的自行車道，滿是愜意上心頭。

7 天津蔥抓餅

永康街金牌獎路邊美食

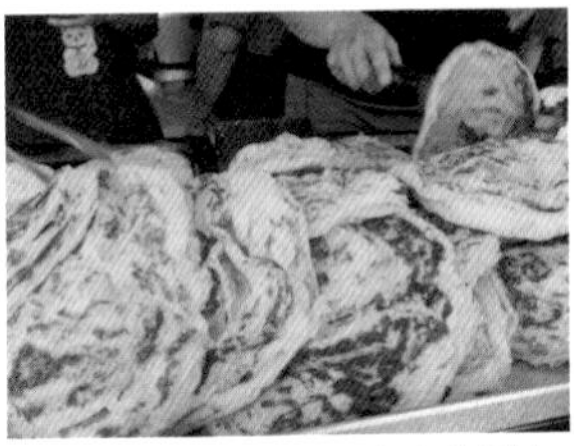

不怎麼寬的門面，卻時時都有客人排隊。曾經榮獲九十一年度金字招牌獎的蔥抓餅，以獨特的吃法與大眾化的口味，贏得消費者青睞。起司蛋蔥抓餅將西式的起司與中式的餅皮結合，激盪出無可取代的人間美味。濃濃的起司結合蛋香，與微酥的餅皮同時送入口中，整顆心都是幸福的滋味。若是選擇原味，還可以加上九層塔，握在手中的厚實感，香Q有勁。

地 臺北市大安區永康街6巷1號

8 豪記滷肉飯

道地古早味

在永康街的南部味道滷肉飯中，豪記算是比較實在的。位於價格城市化的地帶，卻維持了平價的作風。滷肉就如同南部略為偏甜又充滿了膠質的口感，淋在香香的白米飯上，讓人一口接著一口不能停歇。順便來碗𩵚魠魚羹，紮實的魚肉、恰到好處的咬勁，大海中的鮮魚彷彿在口中飛躍，海味與陸味相遇，無疑是最佳的搭檔。

地 臺北市大安區永康街10巷1號

9 青田七六

百年大樹和洋老屋嚐美食

青田七六（馬廷英故居）這古老的建築，除了可以參觀舊日風情，體驗大樹風華，還可以坐在充滿舊日情懷的老屋裡，喝咖啡、品味美食。藝文咖啡屋以日式料理為主，並且強調創意，冰滴咖啡加上果汁，為咖啡的喝法再添新意；梅醬優格豬排定食，以優格飼養的豬肉採日式炸法，香酥不油膩，沾上特製梅醬，清爽中有微微的酸甜。

地 臺北市大安區青田街7巷6號

10 溫州街口蘿蔔絲餅

令人驚豔的好味道

只要一開張就可以看見排隊人潮，和平東路與溫州街口，老是看見長長的排隊人龍。為的就是油鍋裡的美味中式點心，蔥油餅、蘿蔔絲餅、豆沙餅，特別的綠豆沙餅，淡淡的綠豆香被油煎過的外衣包覆，完全與一般的紅豆餡不同，好味道令人驚豔。而蘿蔔絲餅的蘿蔔絲還保留著微微的辛香味，清脆的大自然口感，一吃便成了老主顧。

地 臺北市和平東路二段264之3號

公館寶藏巖
轉角遇見加羅林魚木

繁華的公館，白天黑夜有不一樣的風情，推開公館的大門，像走進劉姥姥的大觀園，有吃不完的美食、看不盡的新奇事物，還有帶著淡淡憂愁的山居小巷子，遇見某個轉角，魚兒的眼睛在樹梢閃爍！

公館吃喝玩樂享美食

公館最有名氣的就是觀光夜市，黃昏時分，冷清的街道漸漸熱絡，數不盡的小吃圍繞著水源市場，美食一攤接著一攤，燈光閃爍、人群摩肩接踵，跟著河流似的人潮移動，真的很不捨得放過每一樣挑動味蕾的在地美味。

以水源市場為中心，

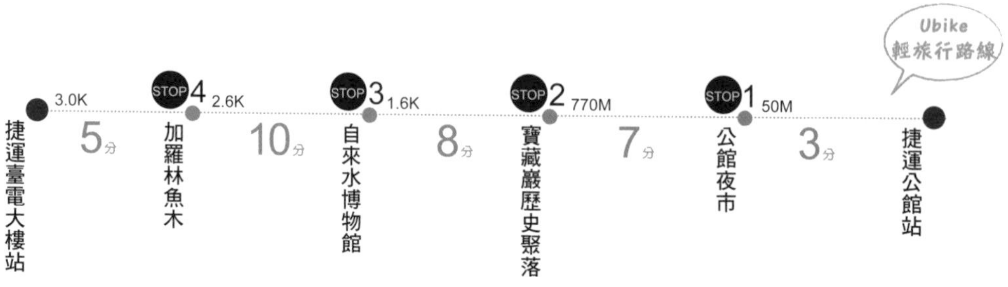

里程：3KM　旅行時間：2.5 小時

▶ 寶藏巖歷史聚落，保留原有的居住風貌，宛如縮小的九份山城。
◀ 推開寶藏巖山居的某扇窗，眺望新店溪畔風光。

沿著羅斯福路四段向兩側延伸的巷子裡，連接汀州路的大範圍都屬於公館夜市。除了夜間美食攤販，還有許多特色店家，騎單車散步慢慢走過，一定會發現屬於自己喜歡的那一味。再大的肚子也裝不下看似無盡的美味，這就是為什麼，想一次又一次且不由自主走進公館美食大門的原因吧！

荒漠甘泉音樂美食餐廳，以音樂文創為主題，充滿主人精心布置，每一個角落都是美麗的巧思；小吃佳興魚丸店，香Q彈牙的福州魚丸，一吃就會愛上它；順園小館的平價涼麵，有豪邁的牛肉加味。只要放慢腳步輕鬆逛夜市，就有看不盡吃不完的夜市美食。

行至公館水岸處　山城故事等你！

公館河畔，依山傍水的小山頭，一段離鄉背井的時代哀愁，熨貼著山勢由上往下傾瀉。從汀州路二三〇巷往新店溪岸走，經過寶藏巖寺，鑽進小巷子裡，寶藏巖山城聚落占據整個山頭，幾乎都是平房，紅磚或水泥外觀，那種像九份山城的外表，內涵更加克難辛酸。

一條小小的道路貫穿寶藏巖，不知去向的階梯，帶領著腳步走向某個故事。雖然大多數人去屋空，但還能隱約瞧見，幾十年來眷村生活留下的足跡。水泥牆、油毛氈屋頂，四處蜿蜒起伏的小道，就像是一場訴不盡的鄉愁。鄉愁離開了寶藏巖，不知下落也無人聞問，只能在展示的小屋子裡，不斷重複播放曾經是此處主人的故事。

寶藏巖山下直通新店溪自行車道，騎下來再爬個小坡，又接回公館自來水園區。「自來水博物館」穿著一身日治時期留下的歐洲文藝復興後期

▶ 自來水博物館內，保留當年的機器設備與典雅的建築設計。

◀ 春末，加羅林魚木開著金黃亮眼的美麗花朵，也說著它美麗浪漫的故事。

▶ 自來水博物館難得一見的石柱造形，往遠方延伸出歷史的深遠。

巴洛克式建築，縱然功成身退，名列三級古蹟，卻仍然展現當年抽取原水、輸送淨水的使命情懷。由於充滿歐洲古典風情，成為臺北市各種攝影取景的熱門景點。

轉角遇見加羅林魚木的浪漫

Ubike騎遠一點，跨越羅斯福路後閒晃小巷子。每逢春末，溫洲公園旁的臺電第二工務段內，有一棵少見的加羅林魚木滿樹開花，遠遠的從巷子口見它綻放黃色光芒，窄巷子裡，只能用驚豔的壯觀來形容。加羅林魚木在臺灣並不多見，尤其是臺電轉角這棵，高大濃密，逢春綻放如蝶舞的花朵。

旅行至此，不妨步入臺電大門，與在地人聊聊有關於加羅林魚木的動人故事。三十幾年前，種下此樹的臺電員工賦予真情養分，讓它成長茁壯；每當加羅林魚木翩然花落，公館的旅行就浪漫了。

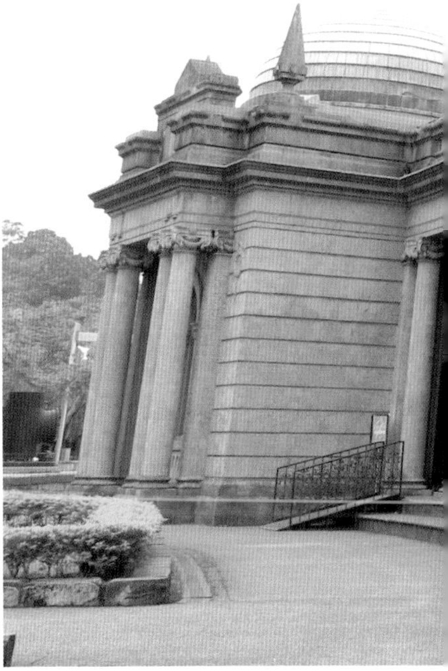

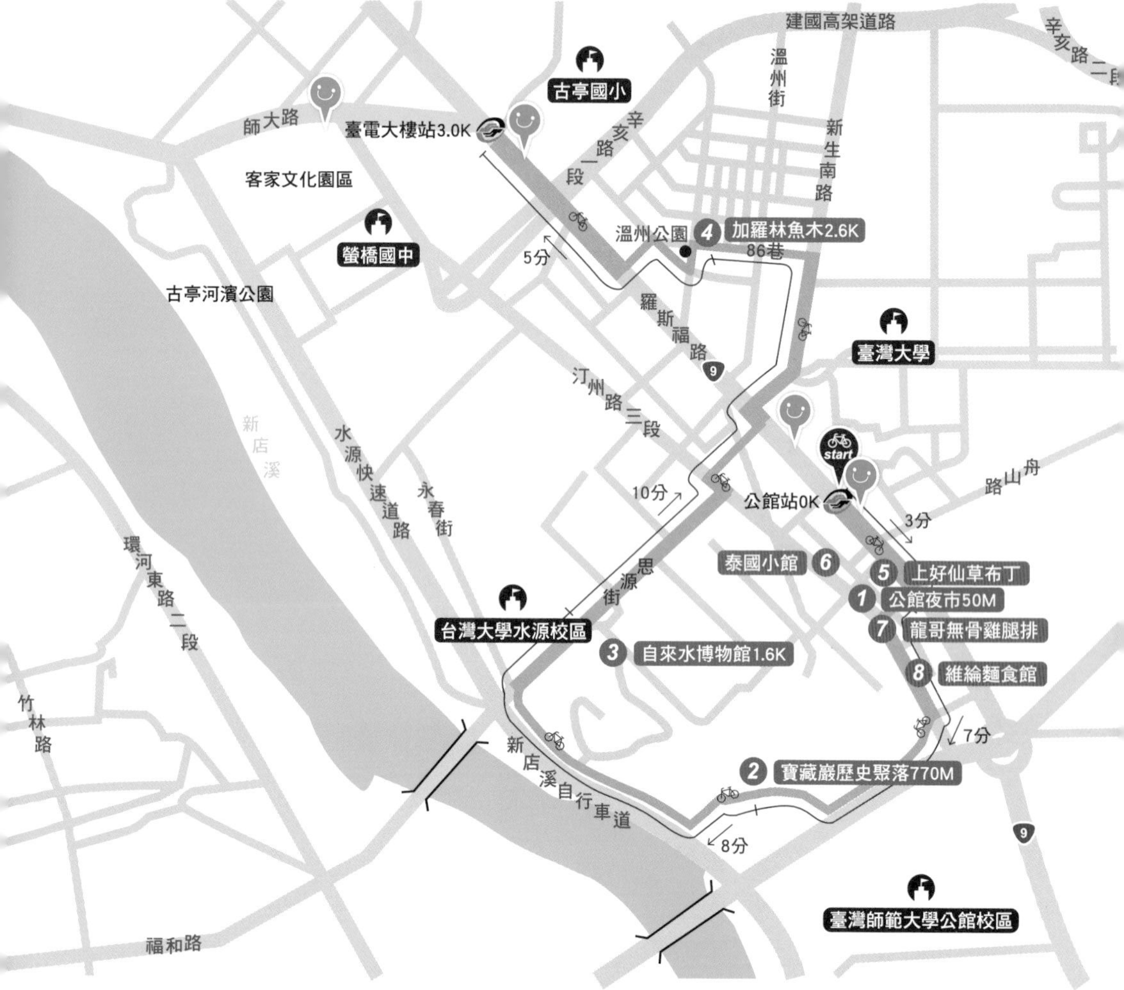

2 寶藏巖歷史聚落

N25 03.768 E121 32.005

旅行公館一定要拜訪這山城聚落，戰後違建與眷村等特殊景觀，有若縮小的九份山城。目前故人已去，成為藝術工作室進駐的寶藏巖國際藝術村。

1 公館夜市

N25 03.768 E121 32.005

以水源市場為中心，圍繞著美食攤販，每當黃昏時分，琳琅滿目的美食一攤接著一攤，除了滿足味覺也同時滿足視覺，慢步其間，色香味具足。

3 自來水博物館

N25 03.871 E121 31.452

有著美麗的外表，仿歐洲文藝復興後期巴洛克式建築風格，並且是大臺北的水源起始處。古典造型下，更有豐富的故事性。

4 加羅林魚木

N25 01.137 E121 31.903

位在新生南路與羅斯福路的小巷子，臺電工務段圍牆裡。每逢春末四、五月份，滿樹開花金黃亮眼。訴說著愛情故事與小巷的美麗春光。

5 上好仙草布丁

水源市場裡的好味道

隱身水源市場二樓，純手工製作的仙草，充滿自然彈性，滑溜鮮嫩，並且有著濃濃的仙草香味與滿分營養。一整碗真材實料，珍珠粉圓晶瑩剔透與仙草合而為一，綿密的紅豆入口即化，碗底的椰果畫龍點睛。感覺不出有多少糖水，只覺得仙草與布丁加上恰到好處的配料，多一份太過，少一份又似不足。

地 臺北市羅斯福路四段92號2樓
（水源市場裡107攤天橋入口處）

6 泰國小館

真材實料月亮蝦餅

公館特色店家泰國小館，走進餐廳就好像置身泰國風情的小飯館，到處都是店主人從泰國帶回來的泰國在地裝飾。店家是華僑，居住泰國多年後回臺定居，也把道地的泰國美食帶回臺灣。每一道菜都是媽媽的精心料理，沾上充滿泰式風味的醬汁，美味的泰國風情在口裡瞬間化開。店家除了現場料理，也同時有泰國原裝的各種包裝食品。

地 臺北市中正區汀州路三段219號

7 龍哥無骨雞腿排

越式酸甜醬汁加分

一開張，顧客便絡繹不絕，雞腿去骨醃漬十二小時入味，蘸上麵包粉以一百九十度高溫油炸五分鐘，雞腿肉外酥內嫩，含油量少，所以少了油膩感。只有雞腿哪能表現出美味，龍哥特別佐以生菜，對高麗菜的刀工及水洗方式自有一番見解：水要多、手勁要軟、不能洗斷纖維。加上越南酸甜醬汁，更增添異國風味。

地 羅斯福路四段108巷10號對面
（水源市場左側巷內）

8 維綸麵食館

北方炒餅原汁入味

四十多年的老店維綸麵食館，以北方料理為主，最讓人津津樂道的如羊肉搶鍋麵和木須炒餅。特別是這道木須炒餅，熱炒豐富的配料，湯汁精華吸收在充滿烤餅香味及略帶咬勁口感的餅皮裡，比一般的炒麵更夠味，口感更豐富。其他的北方料理一應俱全，還有為素食朋友特別準備的蔬食麵。喜歡麵食的朋友，一定不能錯過。

地 臺北市汀州路三段279號

景美溪淡淡的河灣風情

入冬以後，臺北的天氣也漸漸進入雨季，冬雨常一下就是整個星期，戶外活動跟著停擺。還好臺北的自行車道已達成熟階段，雨停的時候或是綿綿細雨裡，慢騎在空曠清冷的河岸自行車道，特別能感受到遠離塵囂的身心愉悅。

開道碑　默默話說歷史源頭

景美商圈外的景美橋邊，從一塊被遺忘的「開道碑」邊上，單車可以直接滑進河濱自行車道。入口不遠處就是景美河濱公園，靜靜的與城市比鄰而居，鎮日眺望橋面車水馬龍。景美橋不怎麼大，自成特色載運百年來人間往返。橋頭與景美國小相鄰，「開道碑」默默站在路旁轉角處，因為年

Ubike 輕旅行路線

捷運景美站 — 3分 — STOP 1 350M 景美夜市 — 3分 — STOP 2 650M 開道碑 — 2分 — STOP 3 750M 景美溪自行車道 — 8分 — STOP 4 1.6K 木柵河濱公園 — 8分

世新大學下方景美溪河段自行車道，近年開通後，才能一睹河灣風情。

景美溪畔有許多牽引道，連接市區與水岸交接。（景美溪橋自行車牽引道）

代久遠，記載歷史已漸漸風化看不清楚，或許，風帶不走緬懷過往的心思。這塊碑文曾經流落過，最後又回到它最初紀念景美街與木柵路開闢的原點。

永福橋到景美橋有兩公里遠，自行車道與水源高架及河道並肩而行。景美溪大約在福和橋附近與新店溪匯流，順著河岸騎車，自然就會接上景美溪。因為緊貼著堤內住宅區，附近居民很方便的從水門進來，沿著自行車道散步。八、九年前河岸自行車道未盡完善時，這裡就已經是散步、騎單車的好地方了。夕陽西下時，雲影霞光、暮色落入橙藍懷抱裡，景美、新店，雙溪匯流處的黃昏別有風情。

景美溪自行車道　串連河灣美景

二〇一〇年九月廿七，承載四十五年臺北城市舊歲月的景美舊橋重建通車，橋下那一段未連通的河道單車路線，也一起為景美溪的過去與未來歡呼。溪邊的單車旅行，不必再繞經馬路與車爭道，貼近河水一路拾起溪岸點點滴滴，來到臺北市邊緣，木柵動物園對面。世新大學下這段河道靜臥多年，單車道通行後，陌生容貌終於面世，看見河水在此轉了一個彎，樹木花草、步道、堤岸，都跟著劃過美麗的弧線。漸入冬季時分，豔紫荊落了滿地嫣紅，冷涼冬季添上幾許自然話語。這些畫面，不禁讓人想起，早年，移墾周姓漢人開鑿「霧裡薛圳」，景美歷史最悠久那條水圳。

其實景美溪自行車道的遊客，大多是當地居民，老泉里一壽橋附近堤頂，只見有若自家後花園的散步人潮。往左岸眺望，北二高新店段的紅色

STOP 5 2.5K 河岸住宅景觀
10分
STOP 6 4.0K 一壽橋
12分
STOP 7 6.0K 道南河濱公園
12分
7.9K 捷運木柵站

道南河濱公園的大草皮，讓心放逐、讓思緒淡化。

木柵高工出口附近，放學的大孩子，奔向美好的景美溪河岸。

橋柱子，矗立河水與山綠間，有些壯觀的建設風景，就在堤防花木扶疏不遠處。恆光橋通往政大後門，車少人稀的山路蜿蜒抵達貓空山區，杏花林、茶藝館、貓空捷運站等，若想挑戰單車山路，不妨在此騎出河道，體驗山林美景，騎車流汗考驗腳力。

政大外的河道較為寬廣，潺潺溪水川流而過，綠色草皮鋪滿灘地，春季時節經常遍開月見草黃色小花，歲月的痕跡彷彿跟著夜來黃花日來凋瘦的月見草，散放哀愁。若過萬壽橋，接上左岸自行車道，出口位於臺北市立動物園附近。而右岸出口剛完工沒多久，過了紅色小橋，由萬芳路口的萬芳抽水站對面接上木柵路四段。是否意猶未盡呢？再往前走一點，福德坑垃圾掩埋場退役後，改建而成的福德坑環保復育公園，也歡迎單車登高望遠！

剛完工的世新大學段，冬季時分豔紫荊散落一地哀愁。

河岸常有月見草或是長柄菊，為美景畫龍點睛。

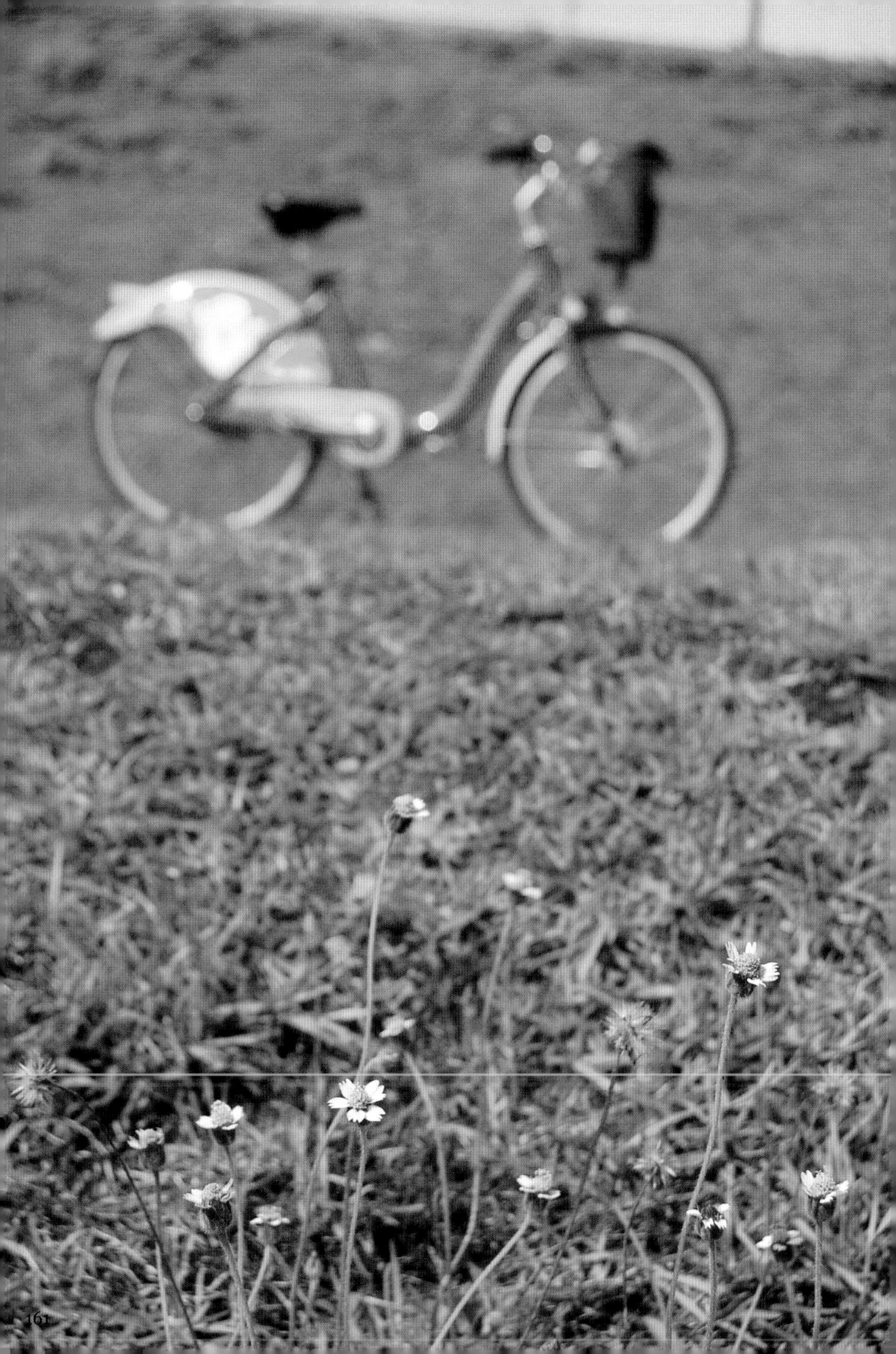

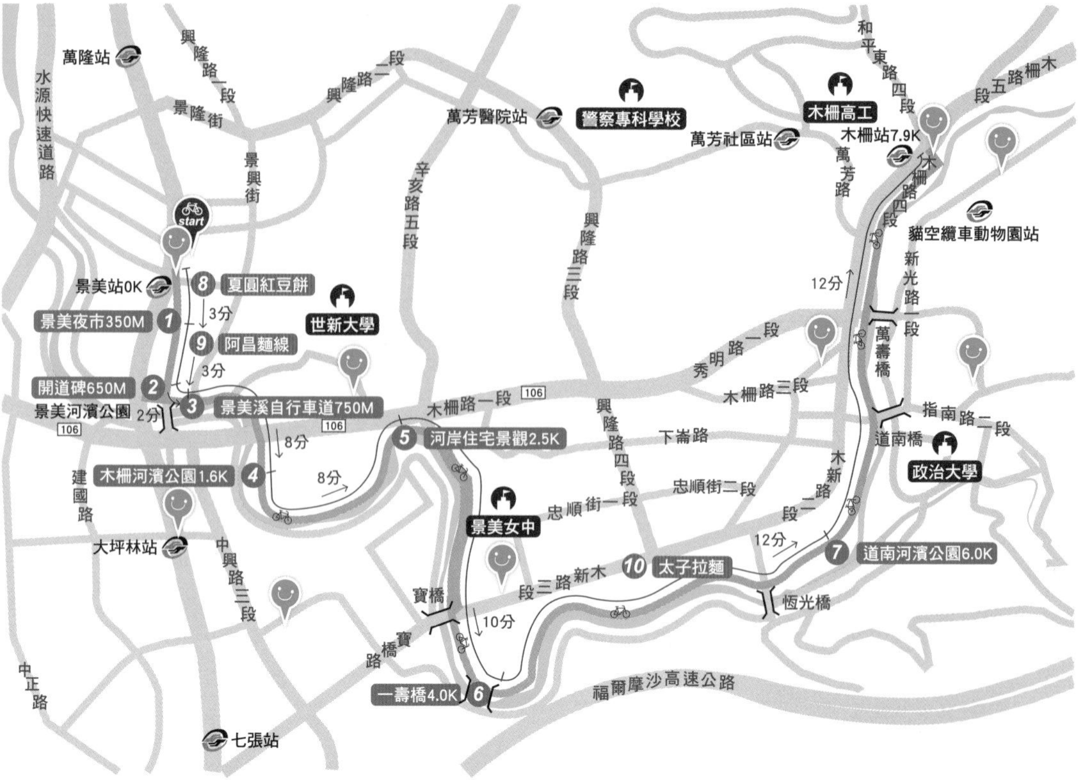

1 景美夜市

N24 59.447 E121 32.490

夜市內攤販有數百家之多，三十多年來歷久不衰，傳統小吃價格便宜而且美味滿分。真的不用先在家做功課，只要在夜色前步入商圈，身旁的美食會不斷向你招手。這裡是騎完單車的最佳補給站。

2 開道碑

N24 59.309 E121 32.444

默默的站在景美國小與景美橋頭轉角，是那麼的不起眼。流落街頭幾十年，最後又回到記載景美街與木柵路開闢故事原點。因自然風化，碑面所刻的文字已經難以辨認，但還是在此訴說著景美早年的發展史。

3 景美溪自行車道

N24 59.283 E121 32.397

景美橋佇立溪水之上，從下游福和橋附近，新店溪與景美溪交匯口到世新大學下的河段。可以看見落日餘暉染遍天際，也能拾起冬季豔紫荊深紅花瓣灑落滿地。自從世新大學河段通車後，淡淡的河岸風情從此直通動物園。

4 木柵河濱公園

N24 59.115 E121 32.697

騎著Ubike至此，不妨坐在樹下享有安靜的午後時光。一旁的景美溪堤防，經過附近社區居民美化，適合散步看風景。可以循著堤坡階梯，走上堤防，漫步舒心的河堤步道，順便眺望景美溪與城市的不解之緣。

5 河岸住宅景觀
N24 59.239 E121 33.048

景美溪自行車道大約在辛亥路與木柵路口段，一整排房子後門緊貼著河岸生活。在大臺北自行車道中，城市與河流的生活如此貼近，卻又如此疏遠，那種感覺，就像是過門而不入的他鄉遊子，而城市與河流的關係，又是那麼難分難解。

6 一壽橋
N24 58.606 E121 33.363

沿著自行車道經過一壽橋下，景美溪視野開闊了。對岸是老泉里山區，北二高從山邊劃過，留下高架橋美麗身影。紅色橋墩向遠方延伸，快速奔馳的車輛傳來陣陣急促聲響，但都被景美溪的清靜，淡化了。

7 道南河濱公園
N24 58.974 E121 34.217

視野開闊，大片的綠色草皮與景美溪河道相依偎，一路蜿蜒往上游鋪著淡淡的河灣風情。從此經過恆光橋、道南橋、萬壽橋，直到動物園附近河域，在山巒包圍中離開景美溪河灘地。沿途風光明媚，只有親臨體驗，方知其美好。

8 夏圓紅豆餅
不甜不膩滿滿餡料

雖然物價高漲，還是以低價回饋顧客，路過門口，很難不被那幾塊寫著十元的便宜美食吸引。雖然以平價供應，卻是一點都不馬虎，老闆每天清早現煮紅豆，當日一定用完，而且調味功夫一流，不甜不膩。每一顆紅豆餅都細心製作，外皮香酥，內餡可以看見肥大的紅豆，散發著濃濃的原始香味。

地 臺北市文山區景中街13號1F

9 阿昌麵線
清淡夠味

位在景美夜市牌樓下方，大約下午四點以後開張。麵線味道較為清淡，不過加入配料後就顯得豐富可口。最特別的是每碗都有兩顆鵪鶉蛋，經過與滷大腸一樣的滷製工夫後，在麵線中成了主角。灑上香菜、添上蒜醬，一碗與眾不同的麵線，深得食客讚賞。另外還有炸臭豆腐，大部分時間都得抽號碼牌，等待火候，油炸出又香又酥的特別美味。

地 臺北市文山區景美街45號（景文街107號旁）

10 太子拉麵
源自東京的好味道

技術傳承自東京拉麵家族，又經過多年調整，太子拉麵享譽臺日。較清淡的醬油叉燒拉麵，兩片叉燒厚薄一致，層次分明，躺在濃淡合宜的湯頭裡，真是麵中之最。叉燒肉不軟爛，沒有腥味，入口充滿日式風味，加上麵湯有點濃又有點清淡，豐富精彩的美味在口中化開來，好吃極了。對了對了！不小心滑過舌尖的芹菜末，讓整碗拉麵達到最高境界。

地 臺北市文山區木新路三段126號

新北篇

小遠行輕運動

start

新店溪自行車道 騎遊城市角落之美

Ubike 輕旅行路線

捷運永安站 — 1分 190M — STOP 1 八二三紀念公園 — 20分 3.0K — STOP 2 綠寶石河濱公園 — 5分 3.6K — 綠光河岸公園 — 20分

△ 新店溪自行車道沿著灘地起伏轉彎（綠光河岸公園）。

里程：15.7KM　旅行時間：半天

▶八二三紀念公園擁有市中心的大綠地。
◀綠寶石河濱公園看夕陽晚霞沉落臺北市。

晨曦微現或日落黃昏的午後騎單車，很輕易能找回城市角落的平穩思緒。定心凝望，看夕陽緩緩沉落，一整天都會因為新店溪的單車移動，更加美好。

中正橋上，視線直達新店溪最深遠轉彎處，回家的夕陽，老是掛在下游，偶爾奉上滿天彩霞溫暖疲累的歸程。黃昏暮色，應該可以說是城市中的少數風景，坐看夕陽的身心感受，真的被遺忘在城市裡了。從新北市的永和水門騎進堤外，綠寶石河濱公園的夕陽經常漫天彩光，大草皮如寶石閃閃發亮，坐在河邊草地上，享受漸沉夕陽最後一抹亮麗，直到絢爛歸於平淡。騎腳踏車的移動，剛好多了雙手，接過黃昏送上的禮物。

新店溪自行車道　水岸同行美景不斷

彩霞為旅程開窗，停下腳步，也許抬頭的時候，不小心望向窗外，是一大片深映心田的春風化雨。河岸自行車道，總是充滿了不可預期的小確幸。新北市新店溪自行車道，微風輕吹，旅程從中正橋下開始，美景一路往上游蜿蜒，醞釀多年的平淡開始沸騰。綠光河岸公園裡的灘地略有起伏，地景地物高高低低多了幾分立體感，嫩綠草皮跟著上坡、下坡，小黃花鋪滿四季亮麗，坡頂的大樹是遊人歇腳的好地方，輕輕地抬高視野，與水岸同行的美景便映入眼簾了。這些有小坡的原野地形，一直沿著新店溪到達碧潭左岸。

新店溪左岸在近年重新整理，路過中正橋下的綠光河岸公園後，接著樂活河濱公園與永和河濱生態公園，其中有一處永和社區大學溼地生態教

STOP 3 6.1K 永和河濱生態教育園區
10分
7.5K 秀朗追風園區
15分
STOP 4 9.8K 陽光運動公園
7分
STOP 5 11.6K 溪州部落
10分
STOP 6 13.1K 碧潭
20分
15.7K 捷運七張站

育園區，有當地志工導覽，若是路過遇見，可以打開簡陋木門，走進去體驗溼地景觀。離開時，記得把門輕輕帶上。

秀朗追風園區大草皮適合追風踩踏

秀朗橋下的秀朗追風園區大草皮，綿延好幾百公尺，氣勢如綠水萬頃，廣大河岸腹地適合騎車追風踩踏，小小流汗後爬上一段有點陡的坡，沒多就可以徜徉在陽光運動公園與陽光橋的白色風情中。陽光橋連接新店溪左岸與右岸，特別的斜張設計為附近河道注入新意象，公園裡的生態公園與自行車越野場，都適合親子互動，玩出最美好的旅程。

自從陽光運動公園到碧潭這一段自行車道通車後，左岸的溪州部落終於面見世人，雖然是一

處很安靜的原住民部落，但在城市的街角，似有道不盡的故事。水管橋、碧潭壩與部落風情，在河畔自成風格。

自行車道終點在碧潭橋下，一路走過陽光橋、水管橋，來到碧潭。你可以閒逛看遊客與五光十色交映，也可以用心拾起新店溪獨有的美麗，說不定巧遇河面上氤氳白色霧氣，貼著水面飄移，綠林山色、濛濛白霧飄浮於碧綠湖水，碧潭的山水風光，在某個霧季，冷不防，抹上一層前所未有的意境。

假日午後，碧潭人潮宛若市場，說不定換個心情換個時間，騎著Ubike繞路而過，城市角落的美麗，一路相隨。

1 八二三紀念公園

N25 00.088 E121 30.697

中和及永和地區最大的城市綠地，也同時是兩個區域的交界處，綠蔭濃密為擁擠的雙和帶來一點城市中的綠意。除了緬懷八二三砲戰歷史以外，中央圖書館臺灣分館設置於公園內，增添文學與知識氛圍。

2 綠寶石河濱公園

N25 01.242 E121 30.787

中正橋下游一大片綠地，大草皮如寶石閃閃發亮，整天都吹著舒暢河風，尤其是夕陽西下時，坐在河邊草地或騎單車走在新麗自行車道上，輕鬆擁有日落漸漸沉入臺北樓房天際線美景。

3 永和河濱生態教育園區

N25 00.309 E121 31.813

路過福和橋下的象棋園區，一個小上坡後來到永和社區大學生態教育園區。生態教育園區每學期皆搭配不同的社區營造設計，產出在地的自然與社會知識。園區定時有導覽活動，也可輕輕推開園區小門，走進在地生活。

4 陽光運動公園
N24 58.623 E121 31.132

陽光橋是陽光運動公園最顯眼的地標，純白色身軀、斜張造型，讓人想踩著單車跨過新店溪，連接左岸及右岸河域，進一步把新店與中和的單車交通、休閒旅遊連成一氣。公園內的溼地、溜冰場、單車越野場、人工沙灘，讓人一待就是半天。

5 溪州部落
N24 58.041 E121 31.821

經過多年的遷移與紛擾，溪州部落的原住民，算是在溪州地區找到立足之地。自行車道剛好從部落旁輕劃而過，這時不妨走進安靜又充滿原民味道的部落社區，發現屬於臺灣最原始生活的新生命。

6 碧潭
N24 57.382 E121 32.157

遠近馳名的碧潭，用自行車拜訪，最能體會到橋下流水的來龍去脈。從下游沿著河岸騎行至此，方知溪水如何川流而過。橋頭是和美山登山步道口，可停放單車爬個小山，用不同角度俯視碧潭，或是牽車漫步碧潭吊橋夜色，看見不一樣的碧潭。

7 永和排骨羹
香酥清甜回味再三

在永和經營多年的排骨羹，以特別的料理方式與清甜的湯頭，贏得眾家芳心。從簡陋小攤到今天的實體店家，證明這味好料歷久不衰，真材實料。排骨去骨後以裹粉方式油炸，香酥中隱約嗅到特別調味的麵衣，浸泡在散發著蘿蔔清香的湯底，難得的完美組合，不論是以麵條或米粉搭配都會是最佳選擇。店裡還有一種脆皮餛飩，又香又酥大口滿足。

地 新北市永和區文化路47號

8 世界豆漿大王
臺灣豆漿史從此說起

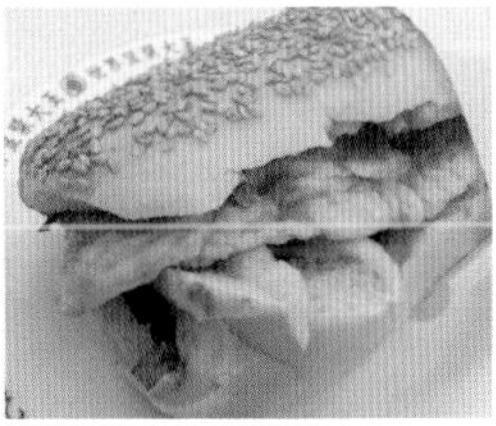

中正橋頭這間世界豆漿大王，雖然和全臺連鎖的永和豆漿大王沒有關係，但它卻是讓傳統豆漿店風行全臺的源頭。豆漿香濃又帶著一股焦味，加上一塊獨家蔥餅，夾蛋或油條，多層次口感的中式早餐，實在好吃極了。鹹豆漿也是必點佳餚，半凝固狀態的豆漿，以蝦皮、蔥花、油條、榨菜末，豐富一整碗暖心暖胃的幸福感。

地 新北市永和區永和路二段284號

9 源平溪豆花
芋頭豆花新吃法

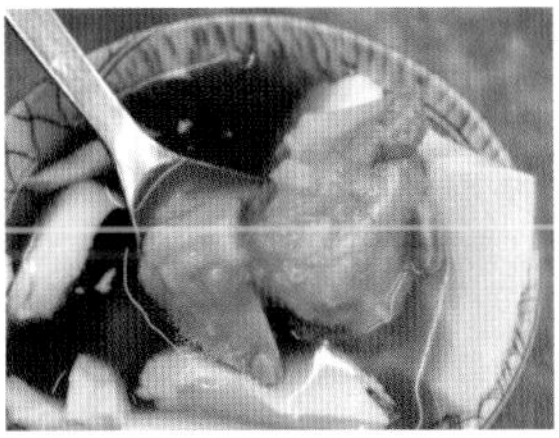

來到碧潭步下階梯，源平溪豆花剛好在轉角處。豆花口感綿密，充滿古早的味道，各種配料也都在水準之上。特別是芋頭豆花，芋頭鬆軟口感與豆花相遇，有一種相見恨晚的感覺。原來芋頭與豆花一起在口中溶化，兩種不同的香味是如此特別。如果騎車來到碧潭，請嚐嚐健康小吃，芋頭豆花吧！

地 新北市新店區新店路205號

中港大排親水散步
新莊廟街歷史慢騎

Ubike 輕旅行路線

- 捷運新莊站
- 6分
- 中港大排南端 1.2K
- 8分
- STOP 1 中港大排彩虹橋 2.2K
- 18分
- STOP 2 武聖廟 5.2K
- 5分
- STOP 3 慈祐宮 5.5K
- 6分
- STOP 4 新月橋 6.3K
- 6分

里程：9.4KM　旅行時間：半天～一天

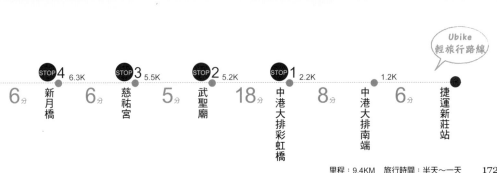

▶中港大排親水廊道，輕映城市綠意。
◀站在新月橋上目送晚霞，滿心愜意。

新莊出現Ubike了，在老街的不遠處，以前是主要幹道的臺一線中正路邊上，步出捷運新莊站一號出口，過個路口就是Ubike租借站。馬路對面的巷子底，新莊老街直通新月橋，來這裡騎單車，很方便也很有收穫。

中港大排
享受城市親水綠意

租借Ubike後先不要逛老街，沿著中華路往北騎，經過新莊體育場，沒多久，小心穿越中港路最繁華的街道，遇見傳說中的中港大排。好久以前這是一條沒有人想接近的臭水溝，不過近年來脫胎換骨了，幻化成親水步道及花語綠意的綠色長廊。水裡魚群悠游，水景噴泉揮灑清涼綠意，蜿蜒的木棧道上可以愜意漫步，像踩著水面行進，水生植物、生態景觀陪伴，一路直通一公里以外的溫仔圳。不少過客特別提早下車，沿著美麗的水道散步回家，想當然爾，附近住民兩三步路就可以坐在水邊晒太陽，多麼愜意啊！

停好Ubike步下階梯水岸散步，或是沿著中港大排慢騎都是很棒的經驗。逛過城市中少見的親水綠意，再捧著現代化創意，走進新莊老街，尋找歷史的足跡。

新莊廟街古蹟巡禮　夜市嚐美食

新莊老街大概就是新莊路經過的範圍，宮廟林立歷史悠久，所以便以

STOP 5 7.2K 四三五藝文特區

△以前退輔會留下的中正堂，原貌保存在藝文特區的巴洛克建築內。

5分

STOP 6 8.1K 新海溼地

3分

8.7K 新海橋

8分

9.4K 捷運新莊站

△自從藝術家進駐藝文特區，荒廢的期望也一個個升空高飛。

▷四三五藝文特區的大草皮，與過去軍方的房舍連成一氣。

△武聖廟後收藏著古老的文物，香煙裊裊。

廟街稱呼了，走在路上不經意間都可以看見廟街指引，其中以慈祐宮及武聖廟的規模較大，點香祈福的人潮相對較多。這兩座廟分別位居新莊路東西兩側，騎單車進入已經成為夜市的老街，不難發現廟宇雖然老邁、有年代，卻可以很自然地融合環境發展。

想好好的認識歷史，早上或是暮色來臨前拜訪，沒有人潮干擾，較能用心慢行，仔細閱讀已是古蹟在列的歷史建築。而當華燈初上，就適合逛夜市品嚐美食了。

新月橋新海橋　彎成大漢溪畔最美微笑

武聖廟正對著武前街，這是通往新月橋的捷徑，繼新店溪陽光橋與鶯

新海橋上遠眺新月橋，一輪夕陽漸漸沉入暮色。

歌龍窯橋後，新月橋是最新完工的人行及單車專用景觀橋。一身流暢的弧線劃過天空，彎成美麗的微笑，傾落在大漢溪水裡。兩端連接新莊及板橋地區，新莊廟街與板橋四三五藝文特區，因為這座美麗的橋梁，步行或騎單車方式的觀光路線更大更有新意。橋下有新海溼地水綠交織，不論是橋上俯瞰或是沿著坡道而下，置身溼地生態景觀中，經常有不期而遇的收穫。

新月橋另一端的板橋四三五藝文特區，自從退除役官兵輔導委員會的教育訓練中心撤離後，經過一段荒煙蔓草的日子，成長為現在充滿藝術氣息的好地方。舊時的巴洛克建築、木窗門，還有著長條板凳的中正堂，不難讓人想起臺灣早期莊敬自強、處變不驚的那個時代。角落還規劃了國際藝術村，每年進駐藝術家創作，在中正堂內展出成果，繪畫、裝置藝術、雕塑、新媒體等，題材豐富多元。假日，廣大的園區內，更是小朋友奔跑、塗鴉的揮灑空間。

堤防藩籬被跨越後，親水、眺望的美事真的方便許多，回到堤外步上新海橋，遠遠的望著新月橋優雅線條，夕陽剛好往那條美麗的弧線徐徐沉落，新莊Ubike旅行，不論遇見漫天亮彩或是清淡雲月，都將是大漢溪上動人的故事。

1 中港大排彩虹橋
N25 03.238 E121 27.134

由臭水溝變身親水廊道的中港大排河廊，分為「都市親水活動段」和「生態綠化段」等，飛瀑廣場、希望光廊廣場及戲水遊藝公園，一路走來悠閒處處。今昔相比，都市的成長讓人喜悅。

2 武聖廟
N25 02.014 E121 27.010

佇立在新莊路繁華的夜市裡，俗稱關帝廟，當地的三級古蹟之一，也是北臺灣最早的關帝廟，與附近的慈祐宮、廣福宮並稱新莊三大廟。超過百年歷史，也見證在地發展。雖然經過多次大修，走進廟內，還能尋見許多當年的歷史文物。

3 慈祐宮
N25 02.066 E121 27.173

同位於新莊老街，因為民國五十四年的大修，水泥、磁磚建材取代古老的工法，如今只能名列三級古蹟。與武聖廟分別守著老街東西二側，正對著濟利街，街底是堤防水門，當年的新莊港碼頭。旅行新莊，漫步老街，一定要走進古老的慈祐宮，緬懷過去。

4 新月橋

N25 01.799 E121 27.081

新月橋總長七百二十五公尺，雙跨分別為兩百和一百公尺，兩拱形橋臂各高五十和二十五公尺，為國內雙跨距最長的鋼拱橋。整座橋專供行人和自行車行走，並設有「曲之藝」、「光之影」、「水之舞」、「風之律」四座主題遊憩平臺。

5 四三五藝文特區

N25 01.525 E121 27.085

四三五藝文特區有前後廣場、巴洛克建築的中正堂，還有國際藝術村三大區塊。前廣場鋪滿白沙，伴著噴水池，很適合拍婚紗取景或找回童年記憶。漫步期間，還能微微的感覺到，臺灣往日的軍方色彩，留存在某些角落。

6 新海溼地

N25 01.725 E121 27.233

新海人工溼地位置在大漢溪新海橋至大漢橋間，大漢溪右岸的河灘高地上。二○○三年起開始以人工方式開挖建設，每天能處理板橋地區的廢水，淨化大漢溪水質。溼地景觀及生態多年來漸漸豐富，自行車道從中經過，也適合休閒及教學活動。

7 帕尼尼香料義麵屋

絲瓜海鮮燉飯阿嬤的古早味

義式香料入菜的義麵屋，也出現有著阿嬤古早味的料理。很特別的海鮮燉飯中，加入新鮮絲瓜，讓湯汁更加香甜。整碗燉飯分布著豐盛的海鮮配料，大海的鮮味遇上絲瓜的清甜，臺灣古早味與義式原味激盪出前所未有的新口感。消費還算平價，各式各樣的義式料理，都可以搭配套餐，享有美好舒適的用餐時光。

地 新北市新莊區中華路一段45巷2號

8 山種子滷肉飯

一人享用佛跳牆

白飯淋上滿滿的滷肉，還附上一些醃蘿蔔，濃濃的滷肉中有清爽的口感，每一口都能吃出膠質，在嘴裡如膠似漆不可分離的幸福，真是滷肉飯極品。最有特色的是可以一人享用的佛跳牆，用小小的盅裝起與大餐廳相同等級的豐富料理，香菇、排骨、芋頭等，一點都不馬虎，而且經濟方便又實惠。

地 新北市新莊區新泰路51號

9 老順香糕餅店

百年老店傳統好味道

逛進新莊老街，一定要拜訪百年老店老順香糕餅舖子，店家本來在廣福宮旁的小巷子裡，搬遷到老街上已有七十幾個年頭了，傳承四代年逾百歲，發展出許多著名又好吃的臺灣傳統糕點。金牌鳳梨酥、鹹梅糕、綠豆糕、鹹光餅等產品，更會依照歲時節慶製作湯圓、月餅。特別推薦一味芝麻冬瓜肉餅，內餡加入建康的堅果仁，吃起來不甜不膩，又香又酥。

地 新北市新莊區新莊路341號（新莊夜市內）

慢活運動拜訪歷史 淡水河口小遠行

淡水，一個充滿歷史況味的小鎮，淡水河在這裡注入大海。很久以前，它以滬尾為名，聽說是凱達格蘭的音譯，也有人說是石滬尾端的村落。不過日子久了，淡水河源遠流長，港口日漸發達，淡水這名字便被定下來了。

到淡水以前得從臺北搭淡水線火車，藍色的慢車裡綠色皮椅整齊排列，天花板上的電扇，扇不走一種車廂悶味。沿著現在的捷運淡水線，晃到淡水中正路邊。那時的河岸冷清寂寥，面向大海的河口吹來陣陣季節海風，老街上也只有二、三店家，守著歷史豐富的街頭。歲月在這個濱海小鎮留下難以忘懷的過去，有悲傷、有歡笑，交織成今天如小說一樣精彩的故事。慢步河岸邊的老街衢，西洋式房舍隱藏在略

Ubike 輕旅行路線

捷運北投站 → 25分 → STOP 1 6.6K 淡水河自行車道 → 20分 → STOP 2 11K 殼牌倉庫 → 8分 → STOP 3 12K 淡水渡船頭 → 3分 → STOP 4 12.3K 滬尾偕醫館 → 2分

▶ 滬尾偕醫館旁的淡水長老教會，春天櫻花映出最美風景。
◀ 最近整修完成，海關碼頭的往日繁華一一呈現。
▼ 得忌利士洋行，早年掌握航運，如今靜佇中正路街角。

顯擁擠的街道上，屬於臺灣的閩式建築、日式老屋子，一起訴說著幾百年來的悠悠歲月。

淡水河自行車道　乘風悠遊淡水

到淡水最怕塞車，一場美好的旅行，因為時間耽誤壞了心情，那多划不來。從臺北騎著Ubike，先體驗淡水河自行車道美麗風景，再跟著河風一路散步到淡水，不失是一種有運動效果，且心曠神怡的旅行方式。

北投捷運站下車就有Ubike，雖然有點小小的遠行，但有種流浪的感覺；是否想起了那首歌〈流浪到淡水〉呢？由關渡連接自行車道，眺望河口水邊的滬尾小鎮，幾經飄搖，浮在遠方微浪中。當踩著單車踏板滑進老故事，一旁的殼牌倉庫就先給了遊人最好的導覽，淡水社大、文化園區都設立於此，收集好故事資訊，帶著今昔的書頁，再騎上單車去找故事裡的情節。

鐫刻三百年歲月痕跡　紅毛城餘暉斜映

歷經外國人的統治，淡水融合各國文化。沿著水邊或巷道慢步，不難發現鐫刻著歲月痕跡的老屋子，最近被一一整理，終於面見天光。離開被商店占領的中正路，當人潮漸稀，淡水長老教會的紅色禮拜堂向天際伸展，早春時分，門前的櫻花伴著聖歌，哼唱小鎮的一天。禮拜堂旁邊的滬尾偕醫館，曾是當年馬偕牧師的住所，他在此主持醫療工作。中式建築裡

捷運北投站 30.1K — 72分 — STOP 9 漁人碼頭 15.4K — 13分 — STOP 8 滬尾砲臺 13.9K — 10分 — STOP 7 紅毛城 13.4K — 1分 — STOP 6 淡水海關碼頭 13.4K — 3分 — STOP 5 得忌利士洋行 12.6K

紅毛城看盡滄桑，夕陽西下時特別美麗。

看見西洋風味，文化並沒有衝突，而是相互包容成長，幻化出生命的美感。就這樣，一百多年後，依然佇立在小巷子裡。

有幾處重要景點，以單車串連省時又方便，中正路尾的得忌利士洋行最近修復完成，見證那年寫下的淡水航運歷史。前棟第一檢查場與後棟輸入品倉庫，純白拱廊造型，投射著陽光與從古自今的季節變換。中正路旁山丘上的紅毛城也是必訪之地，三百多年來，面向著淡水河觀音山，看潮起潮落，夕陽晚霞。

一六二九年西班牙人占據淡水，所建的聖多明哥城，幾度易主，荷蘭、英國，最後終於回到故鄉人的懷抱。紅色的身軀，歷經多少爭奪的期待！午後光影漸斜，霞光照亮城裡，是紅毛城最美，也最能清楚遙望，從古自今淡水河口的日暮黃昏。

漁人碼頭　情人橋黑夜點燈

紅毛城下的淡水河邊，海關碼頭剛修復，記得把Ubike停在門口，走到裡面尋幽訪古，然後沿著河岸騎車，上山看滬尾砲臺，再輕踩小鎮的晚風，晃進漁人碼頭，等著情人橋黑夜點燈。

假日捷運可以人與單車同行，如果累了，到紅樹林站搭捷運回家。或是沿著淡水河的金色水岸，踩著夕陽金光，留下自己美麗的身影。

△△ 單車可以搭乘渡輪，從水上眺望淡水，擺渡到八里。
△ 漁人碼頭的街燈，點亮情人橋夜色。

△ 淡水河自行車道，平坦好騎一路直達淡水。

▽ 淡水海關碼頭附近的河岸，夕陽晚霞引人駐足。

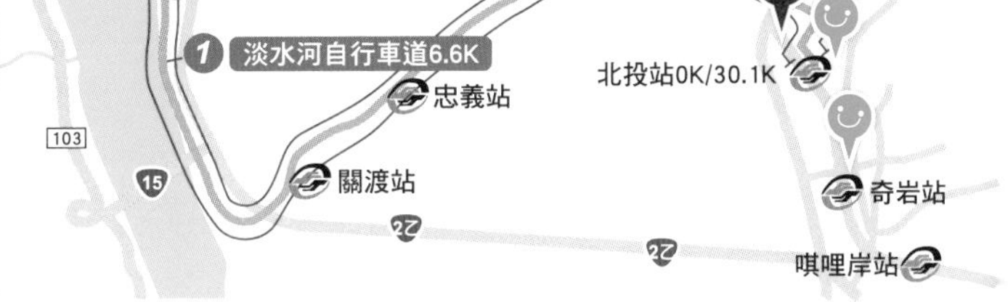

2 殼牌倉庫

N25 09.966 E121 26.822

原為英商嘉士洋行倉庫，一八九七年殼牌公司買下，經營臺灣煤油買賣。歷經戰火、淡水捷運興建，拆除淡水線鐵路，目前尚存有三座大小型庫房、鐵道、月臺。自行車道出口剛好在旁邊，從淡水河邊騎過來，第一眼便是充滿歷史況味的建築。

3 淡水渡船頭

N25 10.187 E121 26.353

沿著河岸步道慢騎，經過成排面河商店街，古老的淡水渡船頭就在岸邊。搭乘渡輪可以到對岸八里，也有往漁人碼頭及臺北市區的航線。不妨人與車一起上船，體驗擺渡的新鮮感。

1 淡水河自行車道

N25 08.116 E121 27.482

從關渡到淡水的右岸淡水河自行車道，眺望觀音山，覽盡江河風情，夕陽西下時美麗十分，有黃金水岸自行車道的稱呼。騎單車到淡水，除了可欣賞河岸風情，更方便安全。

5 得忌利士洋行

N25 10.365 E121 26.216

中正路尾一幢古老的西洋建築，見證淡水貿易發展，而且是當年航運業務數十年的占有者。近年修復完成後，重新面見世人，後方的輸入品倉庫拱廊造型，帶著古老的美感，迎向陽光，歲歲年年。

4 滬尾偕醫館

N25 10.315 E121 26.310

一八七九年至今已有一百三十幾年歷史了，由馬偕牧師主持，並且也曾經是他的居住地點。這裡是臺北馬偕醫院的發源地，位在小小的馬偕街上，中西混合的房舍裡，陳列著以往的行醫工具。現在是咖啡館，靜靜的坐在窗前，聞著咖啡香，緬懷過往。

6 淡水海關碼頭

N25 10.442 E121 25.997

紅毛城山下的淡水河岸邊，又稱為淡水港，曾是臺灣三大商港之一。經過一八六五年到一九〇五年這段黃金年代，沒落後又成為淡水必訪的古蹟。河口的倉庫內現在設有淡水意象及地方歷史解說，而當年的碼頭與石造栓船礅，靜靜的佇立淡水河邊。

7 紅毛城
N25 10.519 E121 25.968

距今已有三百多年歷史，一六二九年由西班牙人所建的聖多明哥城，一六四二年荷蘭占領，一八六七年又被英國租借。經過這些歷史的過往，現在每天眺望觀音山、淡水河，夕陽的光影映在它紅色身軀上，特別有種歷盡滄桑的美感。

8 滬尾砲臺
N25 10.716 E121 25.778

門額上有清朝臺灣巡撫劉銘傳親筆所題的北門鎖鑰，更保留了砲臺城牆，內部的砲座與戰備通道完好如初，深具歷史價值。從中正路轉進來，爬個不太長的小坡，便可以走進曾是軍事要塞，保存完好的滬尾砲臺。

9 漁人碼頭
N25 10.983 E121 24.647

漁人碼頭的情人橋，幾乎已經成為淡水指標地景。每當夜色降臨，點燃橋上燈火的剎那，海天一色漁火點點，動人心弦。散步情人橋上，更是愜意。碼頭上的遊艇規劃有外海行程，搭船出海，飽覽從海上望向陸地的不同視野。

10 阿媽的酸梅湯
解你的渴

老闆小時候常喝阿嬤做的酸梅湯，長大後便把阿嬤的祖傳秘方以阿媽的酸梅湯為名，在渡船頭附近賣起了自己與阿嬤的回憶。晒乾的梅子甕裡醃漬三個月，再以香粉、紫蘇、洛神花、菊花、百子、薄荷純釀，經過土窯文火燉煮，湯汁甘醇可口，還具開脾健胃、養顏美容、提神止渴的功效。渡船頭附近的小巷子邊，阿媽的酸梅湯，給你淡水的甘甜味。

地 新北市淡水區中正路135-3號（面河商店街）

11 渡船頭阿給老店
淡水必嚐特色小吃

來到淡水一定要吃阿給，不然就算白來了。阿給這味淡水特色小吃，以油豆腐內鑲嵌著炒過的粉絲，再以魚漿封住開口，然後淋上甘甜微辣的獨門醬汁，十足臺灣在地傳統美味。吃阿給記得來碗淡水魚丸，渡船頭這間老店，魚丸肉餡不肥膩，吃起來很爽口，剛好與阿給搭成美味套餐。如果還不能填飽騎車消耗的熱量，加點一份淋滿肉燥的炒米粉，真是大大的滿足。

地 新北市淡水鎮中正路11巷4號（渡船頭對面）

12 黑殿排骨飯
臺式排骨飯極品

原本是淡水河畔小聚落的一間小店，自行車風行後，車友口耳相傳，因此聲名遠播，其中以排骨飯最能擄獲淡水遊客的心。先經過醃漬的帶骨豬排，並沒有沾上大量粉皮，特製的醬料微微滲入肉排內，經過精準的火候油炸，每一口都能吃出鮮嫩多汁的豬排味道。白飯會淋上店家特調的雜醬與酸菜，與那塊帶骨豬排，組合出淡水才有的排骨飯。

地 新北市淡水區中正路一段62巷8-10號

徐行深坑老街 尋找舊時點點滴滴

Ubike 輕旅行路線

- 捷運動物園站
- STOP 1 0K 貓空纜車
- 3分
- STOP 2 370M 臺北市動物園
- 40分
- STOP 3 5.7K 阿柔坑溪
- 10分
- STOP 4 7.4K 深坑老街

里程：12.8KM 旅行時間：半天～一天

▶ 深坑街的大樟樹與老茄苳樹，已成為深坑老街的代表。

◀ 阿柔坑溪的天然溪流景觀，優美自然呈現。

▼ 漫步深坑老街，找尋老建築的歷史故事。

稍稍離開臺北繁華街衢，不遠處的深坑老街，充滿一段繁華過往。美味的豆腐料理，讓人懷念的大樹灑落溫暖陽光，還有一條蜿蜒的老街坐落出建築古意。漸漸地遊客多了，想在這些人來人往的腳步中尋覓古早的點點滴滴，除了穿越人群，還得為了停車位煩惱。其實，從動物園捷運站租一輛Ubike，迎著遠離城市的微風，收藏深坑老街的風景，可以輕鬆愜意。

山村溪流美景如畫的阿柔洋

騎單車由木柵往深坑，走新光路是很不錯的選擇，路過二高高架橋下，接上文山路，深坑老街邊上有個阿柔洋產業道路，與阿柔坑溪並肩而行。溪床以生態工法整治，保留了大部分自然景觀。

在母子樹附近，可以步下河床，親水觀察，體驗臺灣森林溪澗如何川流。騎行至此，是有點略為上升的緩坡，經過靠山的鄉村景致，茶田、菜田、竹林，陪伴身體輕輕流汗後，再走進深坑老街，嚐美食、找舊意。

豆腐的香味開啟旅程

阿柔洋山裡下來，不知不覺便經過中正橋，一排依附景美溪上游建築的老房子，就是深坑老街了。老茄冬樹與樟樹相依百年，老街興盛與落寞都看在眼裡。

現在遊客最喜歡圍繞著老樹體驗這裡的小吃，串烤豆腐幾乎人手一盒，一群人大排長龍的在古典味十足紅磚房廊等候，樹梢灑下的陽光是最

▲ 永安居的牆面花磚圖騰，訴說當地發展史。

STOP 5 7.6K 德興居 2分

STOP 6 8.2K 永安居 5分

12.8K 捷運動物園站 25分

▶ 深坑老街清代建築的「斗仔砌」傳統牆堵工法，書寫歷史美感。
◀ 永安居是深坑地區最具有代表性的三合院建築。
▼ 德興居的中西混合建築，古意中蘊含藝術美感，值得駐足。

佳的調味，朋友、家人的話語為美食加溫，心連心的味道飄香。深坑豆腐的吃法，從大樹下一直蔓延到老街上的吆喝聲。找一處知名豆腐店並不難，隨口一問，廟口前的那攤王水成豆腐，會在慢步而過的風景中出現。逛進深坑老街，從豆腐的香味展開旅行腳步。

慢步深坑老街 找尋古老的痕跡

老街以前殘敗過，還好保留了原始基礎樣貌，前幾年才整修完工。路過大樹風華往裡走，清代傳統建築與日治時期建築交錯，不難體會，老街跟著時代變遷，經歷了臺灣好長一段刻苦銘心的日子。

很久以前，這裡是泥草屋，因為大火，紅磚屋與亭仔腳的長廊開始出現。走進店家的某個片段，一轉頭，亭仔腳的風景會止住前進的腳步。因為一彎又一彎的拱牆，似說著無盡的故事。而深坑老街著名的「斗仔

砌」，一種古老的牆堵工法，以紅磚圍砌成古代量米「斗」的空間，內置土磚，可以防止雨水滲漏，遠比傳統的土牆堅固。

來深坑老街，別只是慕名閒步，吃吃豆腐。尋找點點滴滴，旅程將更加豐富。老街上尋找最美的建築，牆角或地磚，大多留用古早建材，一舉手一投足，都能發現傳統建築的歲月痕跡。較具代表性的德興居，三棟巴洛克雕刻造型相連，中西混合風格，材料、雕工講究，牆頂、壁磚像陳年的老酒，細細品味，韻致回甘。

拜訪臺灣最美的三合院

走出老街，平埔橋搭起深坑興盛的期望，橋頭的木棉花道，等著春天綻放亮紅花朵。那些興衰也許要問過附近的紅磚厝，臺灣最美麗的三合院「永安居」靜臥北深路上，Ubike騎個三五分鐘就到了。步上短短的斜坡，推開古老的木門，希望，帶著永遠平安回家。

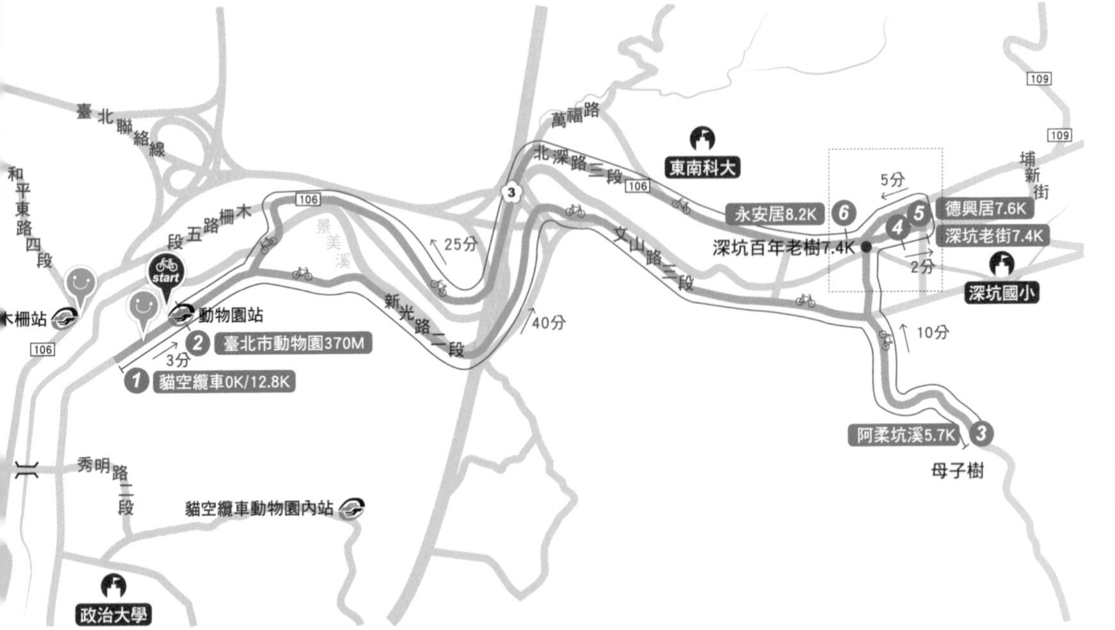

1 貓空纜車
N24 59.783 E121 34.597

臺北市第一條纜車系統，就在動物園不遠處，騎Ubike前，可先歸劃貓纜行程。全程四點零三公里，在纜車上鳥瞰貓空茶田景觀，還可以置身貓空春天杏花林，吃茶餐體驗貓空的茶香文化。

3 阿柔坑溪
N24 59.583 E121 37.100

沿著文山路旁的阿柔洋產業道路往山區騎行，緩上坡來到阿柔坑溪。溪床經過生態工法整治，保留天然溪流景觀，有些地方可以走到溪邊，親近山水，找回雲水相映的輕鬆愜意。

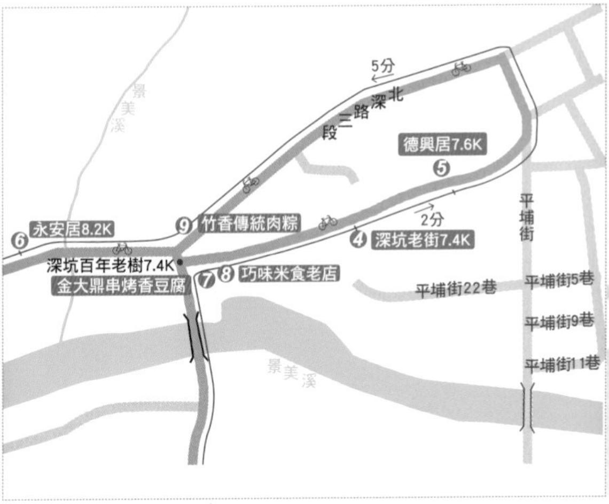

2 臺北市動物園
N24 59.945 E121 34.861

臺北市動物園原址在圓山基隆河畔，一九八六年因無法擴建而搬遷至現在的木柵山區，成為家喻戶曉的木柵動物園。園區廣闊，被自然次生林地圍繞，結合自然景觀生態特色，採用地理生態展示法布置動物生活環境。近年引進熊貓及無尾熊等，吸引大批觀光人潮。

4 深坑老街
N25 00.085 E121 36.844

前幾年，深坑老街以原有樣貌整建完成，從深坑大樹下往裡走，古樸的街道隱藏著過去的點點滴滴。清代建築拱廊的亭仔腳、日治舊意的洋樓、嵌在老屋子裡的紅磚，訴說著老街度過的往日情景。

5 德興居
N25 00.109 E121 36.898

深坑老街裡最漂亮也最具有代表性的老房子，巴洛克與中式建築混合造型。三連棟的老屋子，經過整建，還是鑲嵌著一些舊建材；停下腳步，走進裡面的「深坑文史工作室」，尋找一些深坑往日文化與足跡。

6 永安居
N25 00.073 E121 36.674

走在深坑附近的街上，臺灣最美麗的三合院指標常出現眼前。深坑老街外的北深路上，依靠著青翠山綠，古紅色的院落佇立了百年。目前星期假日開放參觀導覽，記得停下單車，步上小斜坡，漫步永遠平安的古厝。

7 金大鼎串烤香豆腐
滿滿的配料

深坑老街第一家以串烤方式料理豆腐，後來串烤深坑豆腐大為流行。即使不是假日，依然大排長龍，儼然成為來到深坑必吃的小吃。塗上特製醬料再以火烤方式入味，讓豆腐擁有與眾不同的口感，而且會鋪上滿滿的配料，視覺上就先飽足了，泡菜、香菜、花生粉等，多種口味任君選擇。

地 新北市深坑區深坑街162-1號

8 巧味米食老店
傳統手作草仔粿餡料豐富

經營二十幾年的巧味米食老店，以各種傳統粿的製作，耕耘老街美食數十年如一日。在深坑老街中，除了豆腐，這味傳統美食也成為在地的美食指標。堅持古法製作，洗米、泡水、磨成米漿、壓乾脫水，長達七到八個鐘頭的真功夫，可見用心程度。其中草仔粿，取材艾草與鼠麴草兩種青草入料，一次可以吃到兩種青草香的草仔粿，因為熱銷反而變成這家店的特色。另外芋粿巧也是熱銷產品，鹹香混合著芋香，令人大快朵頤。

地 新北市深坑區深坑街154號

9 竹香傳統肉粽
飄香三十年

位在深坑老街外的北深路上，肉粽一賣就是三十幾年。臺灣各種口味的粽子，南部粽、北部粽、客家粽，在這裡都吃得到。只要路過店家門前，粽香總是吸引人停下腳步，買幾顆粽子填滿食慾。南部粽香軟有味，豐富的內餡與糯米激盪出難以拒絕的美味。老闆使用綠竹葉為粽衣，整顆粽子更是竹香滿溢。

地 新北市深坑區北深路二段210號

發現三重後花園 遇見幸福滿開

以前想在八公里長的二重疏洪道騎車賞花，只能開車前往，或是從有點距離的單車租借站出發。崇尚運動精神的同好，更是千里迢迢從遠方而來。最近新莊線捷運通車後，Ubike租借站由臺北市延伸到新北市三重及新莊地區，大部分的租借站都離捷運站不遠，三重站下車，沒一會兒時間，就能輕輕鬆鬆徜徉在幸福水漾公園四季花田。

如果想小小遠騎，先繞進巷子裡的頂味執餃，享受純手工多健康的五彩水餃，肚子填滿美味，飽足後，再逛進舊市街找尋在地回憶。

Ubike 輕旅行路線

捷運三重站 — 18分 — STOP 1 1.8K 空軍三重一村 — 8分 — STOP 2 2.8K 忠孝碼頭 — 3分

△三重一村令人想起臺灣的那個時代。

▷幸福水漾公園冬天的百日草為幸福鋪路。
◁幸福的意象處處呈現二重疏洪道內。
▽空軍三重一村保留著臺灣舊時的眷村文化。

空軍三重一村
綠樹庭園回憶老年代

三重堤防邊有個空軍三重一村，不同於現代化大樓林立，有綠樹庭園的平房，紅色大門邊噴上軍規編號的洗石牆，慢步窄小只容錯身的小巷弄，思緒不禁回溯至臺灣舊時期老年代，眷村生活很不容易在此被保留下來。因為離淡水河很近，跨過河堤，忠孝碼頭渡輪，擺渡你與Ubike的旅行腳步，直達華江碼頭。若沿著河水逆流而行，還可以到二重堤防找幸福。

水漾公園找幸福　荷花公園賞夏荷

二重疏洪道起點在三重淡水河邊，終點位於五股獅子頭附近，原為洪水氾濫時引導水流之用，但在風調雨順的年代顯得悠閒開闊。重新橋到中山大橋之間的堤段，原來是雜亂無章的野地，近年化身親水公園景色美侖美奐。騎車在運河與綠地間穿梭，不時有幸福主題掠過身旁，這些造景口耳相傳後，已經成了拍婚紗的熱門景點。不論是溼熱的春夏或是乾冷的秋冬，每個季節都會為野地種下渴望幸福的花朵，時間一到，綻開成海，繽紛燦爛美不勝收。映襯著遠方斜張的新北橋，這裡是城市裡最美的花園建築。

幸福水漾公園只是二重疏洪道裡的一小部分，沿著自行車道可以經過許多主題公園。每逢夏天，荷花公園裡開滿荷花，荒野似的二重疏洪道點上夏日粉紅，像是冬眠復甦遇見陽光般燦爛。在荷花季前，荷塘邊一大片

捷運三重站 12.3K — 15分 — STOP 6 先嗇宮 10K — 20分 — STOP 5 幸福水漾公園 5.9K — 10分 — STOP 4 三重堤防 4.7K — 10分 — STOP 3 淡水河自行車道 3.3K

先嗇宮屋頂的剪黏藝術，訴說傳統精湛工藝。

杜鵑花，有百來公尺長的帶狀花況，繽紛而清香，春日的美好，都寫在這些嬌媚的花朵上；再往北走一點，將是生態與微風運河的另一種景致了，走過全程，恍然明白，臺北地區通往八里的捷徑，是二重疏洪道一路走過的自然風光。

三重最古老先嗇宮　剪黏藝術風華絕代

疏洪道上好風光，欣賞美麗的水漾之情，不妨越過堤防，前往離新莊較近區域，輕撫城市信仰發展的坎坷。先嗇宮在堤防不遠處，主祀神農大帝，古老久遠的年代因為受不了淡水河水患之擾，後來遷移至現在的五谷王北街上。這座三重最古老的廟宇，兩百多年來，讓路改了名字、讓捷運站以它為名，守護著城市中的每一個人們。廟體建築上的剪黏藝術華麗生動，屋脊布滿了精緻工藝，儘管風華絕代，也只能成為古蹟保存了。就像是三重當地好客的大拜拜，從這裡起源，也從這裡漸漸沒落。

駐足三重堤防，輕撫幸福微風，眺望物換星移，五彩花朵妝點幸福水漾公園。新北橋用最美的姿勢張開臂膀，送走每天照亮幸福的夕陽回家。

水岸風情，每個季節都有不一樣的花海，妝點幸福。

幸福水漾公園為夜色畫上美麗光影。

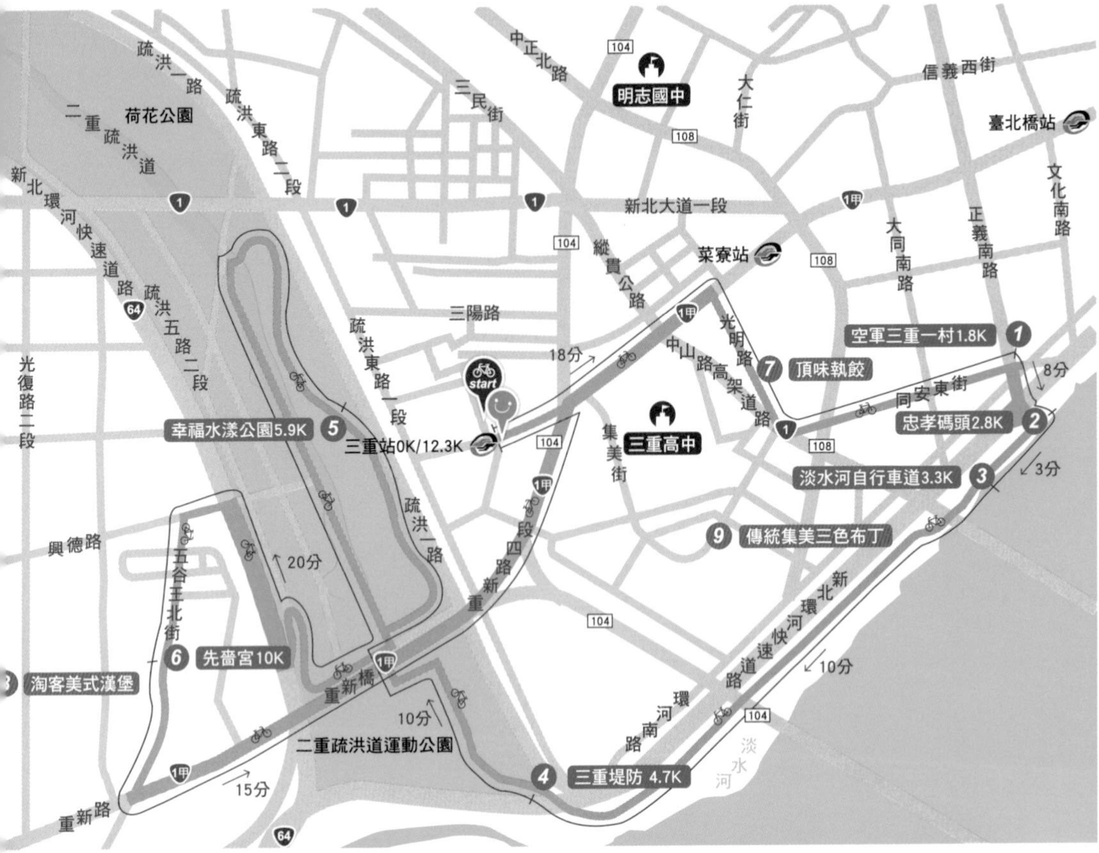

1 空軍三重一村

N25 03.472 E121 29.951

走進文化資產保存的眷村，尋找臺灣早期特有的聚落生活方式。說不定會遇見搬走又回家看看的住民，告訴你從日治時期到國軍撤退來臺，距離現在有點遙遠卻又很近的那段時光。打開話匣子，生活的點滴，都在眷村記憶收發處。

2 忠孝碼頭

N25 03.376 E121 30.002

從三重正義南路底的越堤天橋走進來，淡水河廣闊河域與城市合而為一，忠孝碼頭上小船等待出航，遠行的氛圍跟著河水漂流。碼頭渡輪可以搭載單車一起同行，接駁至淡水河其他碼頭，讓行程更豐富。

3 淡水河自行車道

N25 03.198 E121 29.767

忠孝碼頭到二重疏洪道之間的淡水河岸，隔著河水，眺望臺北市最古老的萬華與大稻埕地區。幾座經典橋梁，搭起兩岸的歷史關係與現代交通，河岸落日時分，金黃色光芒，照亮過去與未來。

4 三重堤防
N25 02.863 E121 29.205

沿著淡水河自行車道騎行，轉進二重疏洪道前的新北橋下，步上堤坡階梯，新北橋以壯觀的姿勢與天際相映。若剛好是黃昏時候，站在三重堤防等待最後一抹夕陽徐徐傾落斜張橋柱，彩霞染滿天際，美麗奪目。

5 幸福水漾公園
N25 03.345 E121 28.827

位於二重疏洪道內，重新橋下到中山大橋下堤段。園區經過相關單位規劃及整理，白天或是夜晚都適合騎車散步。人工運河與步道相互蜿蜒交錯，可愛又幸福的各種主題分布公園各個角落。沒有壓迫感，只有美麗花海與舒暢氛圍跟著腳步移動。

6 先嗇宮
N25 03.029 E121 28.543

早年先嗇宮位在新莊頭前庄，常受淡水河水患之苦，後遷於目前三重區的五谷王北街上，近臨二重疏洪道，是三重最古老的廟宇。著名的三重大拜拜，相傳是先嗇宮主祀神農大帝聖誕日慶典流傳而來。

7 頂味執餃
改寫傳統餃子的里程碑

能把水餃與臺灣傳統麵點小菜做得如此美味，頂味執餃的功夫與用心有目共睹。跳脫傳統，以天然素材紅蘿蔔、墨魚汁、波菜等，讓餃子皮看起來色彩豐富，健康加分。內餡採用黑豬肉，不油不膩，味道自然香甜。傳統口味創新元素，每一口都是驚豔。記得點盤小菜與雙麻麵，加上特製醬汁，每一口都留香，回味無窮。

地 新北市三重區光明路70號

8 洶客美式漢堡
咬勁餅皮日式燒肉三明治

不同於知名的速食連鎖店，漢堡的味道更顯得清爽好入口。尤其是日式燒肉三明治，有些咬勁的厚實餅皮，烤出真真實實的麥香，再夾住日式燒烤肉片，沒有油煎肉餡的油膩感，好吃極了。套餐所附的炸薯條，火候控制得宜，香酥鮮脆，讓人一口接著一口。在二重堤防工業區附近，有這樣一家美式漢堡店，單車旅程將更加完美。

地 新北市三重區光復路一段80號

9 傳統集美三色布丁
香濃滑嫩新鮮當家

傳統集美的三色布丁由三種不同味道組合而成，白色原味布丁加上雞蛋布丁與巧克力布丁。不同顏色布丁相加後，多層次香味在口中化開來，味覺與視覺以相乘的方式提升。香濃滑嫩的布丁上還能鋪上當天現煮的配料，新鮮光亮的外表，挑起每一湯匙食欲。除了布丁外，傳統豆花與紅豆湯，也是不錯的選擇。

地 新北市三重區集美街161號

特別篇

串連美好小旅行

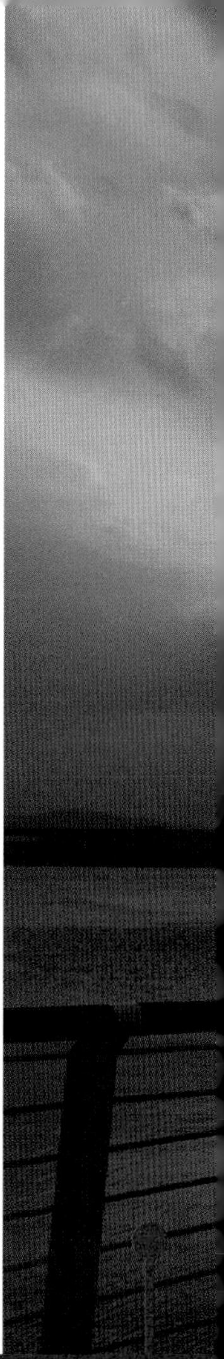

新店溪放輪去 串連Ubike小旅行

新店溪河畔自行車道，真是臺北最幸福的交通與休閒設施，沿著水岸騎車踩踏，有看不完的四季轉換，變化多端的日出日落。放開心走進堤岸邊，伴著臺北走過豐富日子的新店溪與淡水河，是如此深入心扉、感動人心。

新店溪淡水河 走過大半個豐富臺北

景美溪在福和橋至景美橋河段附近匯流，大概從公館永福橋下騎進河道，往上游騎行，連接景美溪流域及新店溪上游。若是往下游走，經過幾公里河岸風光，不知不覺地便進入淡水河岸了，這是因為新店溪在華江橋附近匯入淡水河，地形關係，讓單車的移動看不出河域交匯。華江雁鴨自

Ubike 輕旅行路線

捷運公館站 — 15分 — STOP 1 2.2K 古亭河濱公園 — 8分 — STOP 2 3.6K 中正河濱公園 — 8分

△路過古亭河濱公園婚紗主題，幸福滿心。

▷ 朝陽染滿中正河濱公園，金黃色彩灑遍大地。

◁ 大稻埕河岸邊，夕陽伴著繁華，歲歲年年。

然公園裡，放眼廣闊的河灘地與蘆葦叢生的潮間帶，應該是最好的認路指引。

因為臺北的河域文化緊貼著新店溪與淡水河，所以從公館水岸到大稻埕其間的河岸自行車道，能夠自成獨立的Ubike路線，也是串連與臺北密不可分的指標路線。踩著單車迎接河風，彷彿就能擁有大半個美麗又豐富的臺北。

新店溪右岸　覽盡日出與日落

新店溪右岸最精彩的莫過於是日出晨光與夕陽暮色，公館永福橋水岸的日落與水管橋拱臂交錯著四季變換，夏日與寒冬都有不一樣的美景，每天沉落在翠綠草皮與城市天際線，自來水博物館、寶藏巖默默地靜臥岸邊，傳遞淡水河流域悠遠故事。

沿著溪水往下游騎行，古亭河濱公園的白色自行車天橋連接客家文化中心。微觀自然生態角落美學，總是讓人會心一笑，想起某段往事。清早，除了朝陽陪伴，偶爾遇見霧季溪河景致，城市的山水畫作，真真實實地鋪在大地的畫布上，河岸自行車道就像一條綿長的畫廊。

馬場町公園和華中橋上是看日出的好地方，新店溪畔也能看朝陽冉冉昇起。河邊階梯席地而坐，望向東方，最新鮮的早上太陽，從遠方一〇一大樓邊漸漸往天際移動。清早陽光，傾倒在新店溪水上，染得波光瀲灩。

STOP 3　4.8K　馬場町紀念公園

8分

STOP 4　5.9K　華中河濱公園

20分

STOP 5　9.5K　華江雁鴨自然公園

15分

STOP 6　12.7K　大稻埕碼頭

12分

14KM　捷運雙連站

五彩光雕點亮夜色

接下來的自行車道與河水成雙，肩並著肩一起奔馳。光復橋紅色鋼梁吸引著目光，來到萬華附近的堤外，第一眼看見的便是光復橋紅色橋柱和橋臂。夜色低垂時，橋上點亮著五彩LED燈，為幾座萬華區的大橋賦予新生命。華翠橋、萬板橋、華江橋還有遠處的新北大橋，自行車道

△新店溪河畔的每一座橋梁，都有讓人驚豔的光雕夜色。

新店溪如國畫般飄渺意境，在冬天的霧季沉浮。

的夜色添上華麗風格。

水門內有萬華的舊日痕跡，不妨騎過水門，在萬華街頭閒逛。大理街成衣店、廣州街夜市、龍山寺求平安、剝皮寮懷舊，但最後請別忘了再走回河道裡，前往大稻埕碼頭看夕陽沉入淡水河。

串連河畔Ubike小旅行路線

新店溪右岸自行車道，路過城市風華，串連景美溪自行車道、公館路線、臺大校園、城南單車散步、萬華慢步、大稻埕百年風華等。大同區、士林區、北投區也都在不遠處了。不論是一人獨自放空或一家人集體移動，都會因為一趟新店溪的自行車之旅，更加豐富、幸福。

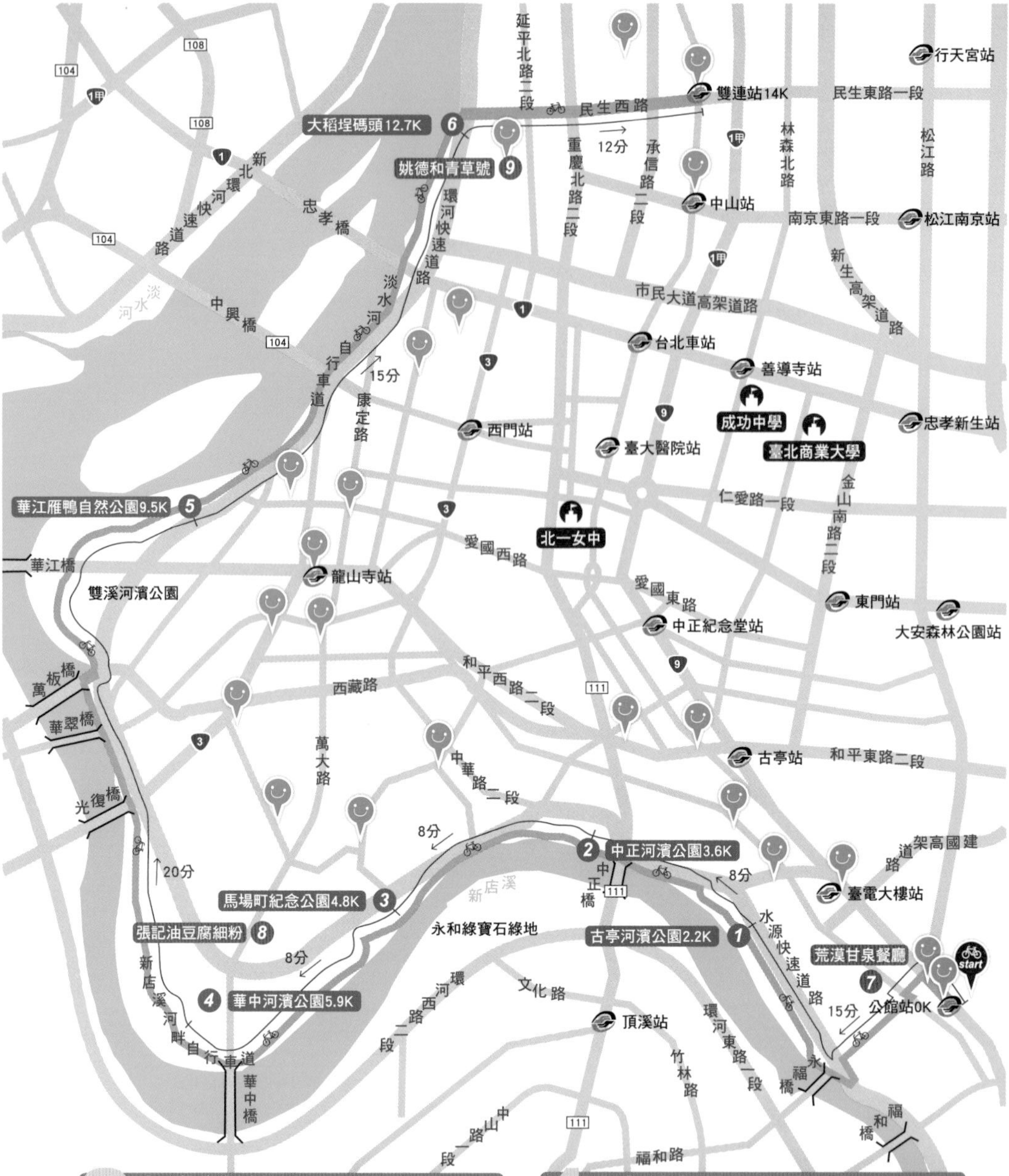

2 中正河濱公園

N25 01.354 E121 30.897

中正橋下方的新店溪右岸，有朝陽陪伴著單車踩踏，河岸生態以微觀角度呈現。中正橋單車引道連結新北市左岸路線。同安街天橋與紀州庵訪舊路線相連，延伸至城中區的臺北古城門之旅等Ubike半日遊程。

1 古亭河濱公園

N25 00.930 E121 31.490

公館堤防外的水岸，大片草皮、美麗的夕陽、依季節變換的主題布置，從客家文化中心自行車天橋呈帶狀分布。這美麗的水岸可連接公館及臺大、景美溪沿線等Ubike路線。

3 馬場町紀念公園
N25 01.154 E121 30.288

這裡夏天可以看見日出從一〇一旁冉冉上昇，高高的棕櫚樹撐起臺北橙藍相間的清早天空。曾是臺灣歷史的悲情之地，日治練兵場、刑場的那些悲情，都在河邊土丘長眠了。由水門騎出去，可連接萬華青年公園、南機場夜市等精彩路線。

4 華中河濱公園
N25 00.785 E121 29.846

華中橋是看日出日落的好地方，剛好在橋的兩側都有引道可以往橋上走，清早看晨曦，黃昏賞晚霞。光復橋的夜色就在不遠處，在河岸裡遇見五光十色的光雕彩妝橋梁，美麗極了。由光復橋引道，騎進萬華，來一場萬華單車慢步吧！

5 華江雁鴨自然公園
N25 02.227 E121 29.357

華江橋下的河域是新店溪與大漢溪匯流淡水河之處，因灘地潮間帶廣闊，食物鏈豐富，候鳥選擇在此停留。河畔的桂林路水門，可以連接萬華漫步Ubike路線或是走進西門町，看古今交錯留下的歷史足跡。

6 大稻埕碼頭
N25 03.431 E121 30.467

大稻埕邊上的淡水河，一到假日，數不清的遊客會坐在河邊吹風看暮色晚霞。穿越大稻埕水門，逛進大稻埕的前世今生，買南北貨、看古老建築、找尋舊日子的老故事。大同區的Ubike路線，在這裡與河岸結下了不解之緣。

7 荒漠甘泉餐廳
公館樂聲佐美食

到荒漠甘泉品味美食生活，每一道食物好似都淋上樂曲靈魂的醬汁，跟著樂聲滑進渴望甘甜的心靈。如慢板樂章的前菜，主廚帕瑪火腿田園沙拉，清淡爽口味道簡單，撩撥每一根敏感的味蕾。主菜嫩煎鵝肝肋眼佐松露汁，微焦的煎肉香與綿密鵝肝，陶醉在美妙的音樂中。店內的百年史坦威名琴，歡迎創作者上場彈撥荒漠甘泉專屬的悠揚樂聲。

地 臺北市羅斯福路三段316巷18號

8 張記油豆腐細粉
豐富與清淡兼備的好味道

在萬大路果菜市場附近賣油豆腐細粉已有三十幾年歷史，以老店稱呼一點也不為過。有著豐富配料與道地味道，還有別的地方吃不到的手工蛋餃、豆皮百頁結，讓不油膩略顯清淡的湯頭，顯得繽紛多彩，多一分少一分都是味覺遺憾。店裡的紅豆沙與蘿蔔絲餅，更是不能錯過。騎車經過新店溪，不妨穿越馬場町或華中橋下水門，品嚐這味在地美食。

地 臺北市萬大路479號

9 姚德和青草號
順口退火青草茶

永樂市場邊一排頗有年紀的老房子，聚集了幾間青草店，以販售青草為業。據老闆表示，已是第三代經營，少說也有六、七十年歷史。這些店家都有自製青草茶，而且每一家的配方都不同。用多種青草及薄荷等熬煮成茶，微甜的茶湯清涼好入喉、健康養生，在飲料充斥的時代，是很棒的選擇。

地 臺北市大同區民樂街55、57號

〔附錄一〕Ubike 如何租借及使用

準備悠遊卡、手機→註冊→過卡借車→一顆感動的心→享受美好的輕旅行→還車→打開記憶的抽屜，收藏美好的回憶

認識 Ubike

有著橙黃色系外表，搭配城市風格造型，各種貼心設計讓城市通勤與接駁更方便、優雅。基本上Ubike設計以城市通勤為出發點，較適合短程慢速度。在人體工學上強調舒適性，整體而言偏向淑女車的感覺。以城市輕旅行而言，靈巧的機動性、不易疲勞的上半身姿勢，是很棒的巷弄漫遊交通工具。大臺北地區的河岸自行車道旅行也很適合Ubike，平坦沒有機動車輛，輕鬆連結城市中心地帶，大部分的水門與引道，Ubike都能輕易克服。

踩著Ubike上路前，先了解它一身為城市設計的大大小小巧思與創意，騎行時會更得心應手呢！

菜籃與城市的情愁

把手前很貼心地裝上置物籃，更突顯悠閒到不行的方便性，每一次出航都帶著微笑。很多人認為單車裝上菜籃會不好看，但Ubike就是要有菜籃，才能顯現城市一份子的歸屬感！

優雅的外表與你同行

讓騎單車也是件風雅之事。Ubike有著橘黃相間外表，流暢的曲線畫出曼妙車身，奔馳在城市中，輕快飛揚路過每一段休閒或通勤時刻。

有內涵的花鼓內建發電機

前輪花鼓裡藏著強而有力的發電機，能點亮白頭燈與清晰的紅色尾燈。所以只要踩動Ubike，前後燈會悄悄地亮起來。

好特別的變把與變速器

右手把上嵌著旋轉式變把，轉把能快速選到需要的檔位，連接後輪內三段變速器，城市騎行有若神助般順暢。

車身與下管，褲子裙子都方便

微笑形狀的下管，方便跨過單車，帶著笑意出發。沒有上管的設計，擁有大方與簡單的美麗。

前後輪大小不一，靈活安全始終如一

Ubike前後大小不一的輪徑分別掌管旅程轉向與穩定度，還有反光線讓騎乘者安全上路。

貼心後泥除，清爽乾淨

好特別的後泥除，大面積包覆輪胎，不再煩惱雨天濺水、衣角捲進輪圈，穿著裙裝、西裝筆挺的上班族，也能有紳士淑女的儀態上路。

美美的後燈，一踩就亮

亮紅的後燈，與後泥除一體成形，緊緊擁抱，一起步就發出迷人的光芒。

車鎖，安心上路

駐車鎖與臨停鎖好貼心，定點辦事或遊歷景點，需要暫時離開Ubike，不怕順手牽羊，安全有保障。

好方便舒適坐椅

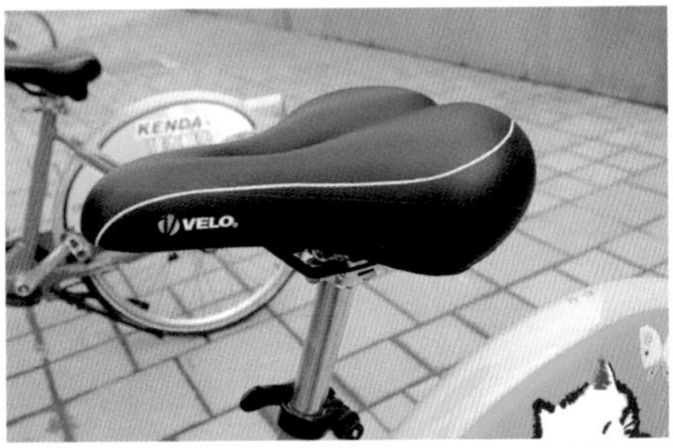

椅墊略有彈性，可調高低，不管是高大威武抑或是嬌小玲瓏，都歡迎體驗美好旅程。

像翅膀的停車柱

展翅般的停車柱，緊緊抓住每一輛Ubike。租車與還車時，將駐車鎖頭插入停車柱，便能牢牢地栓住Ubike。

Kiosk 自動服務機，隨時上路

每一個租借站幾乎都有Kiosk自動服務機，利用手機及悠遊卡透過Kiosk註冊，快速成為會員。若沒有悠遊卡，也可以利用Kiosk單次租借。

感應面版聲光兼具

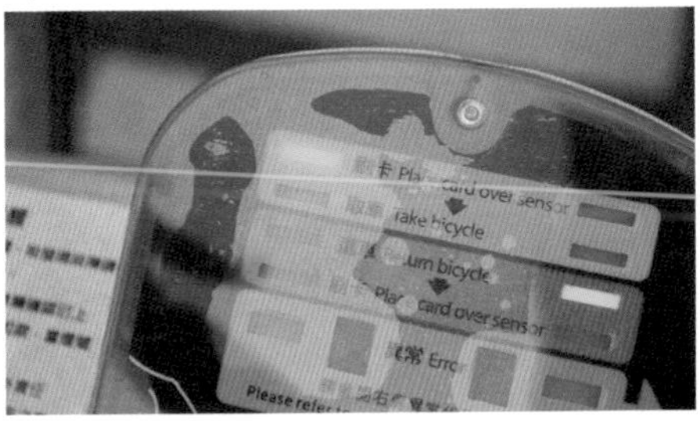

只要有一張悠遊卡，就能逛遍城市每個角落。租車或還車，記得在面版上感應悠遊卡。

▶▶ Ubike租借站旁都會設置Kiosk機臺，悠遊卡現場註冊後，可直接租借Ubike。
▶ Kiosk機臺上清楚標示租借及註冊方法。

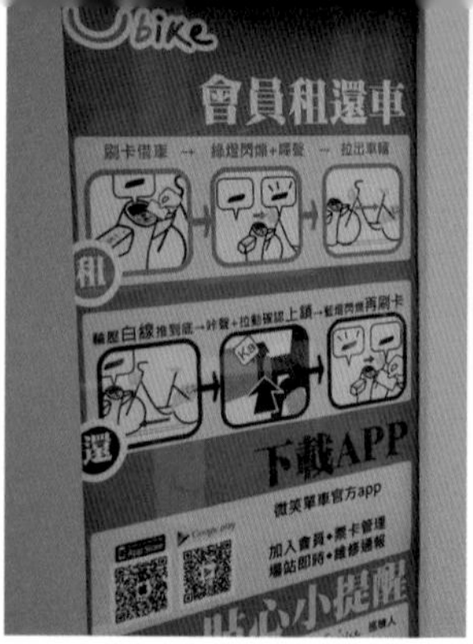

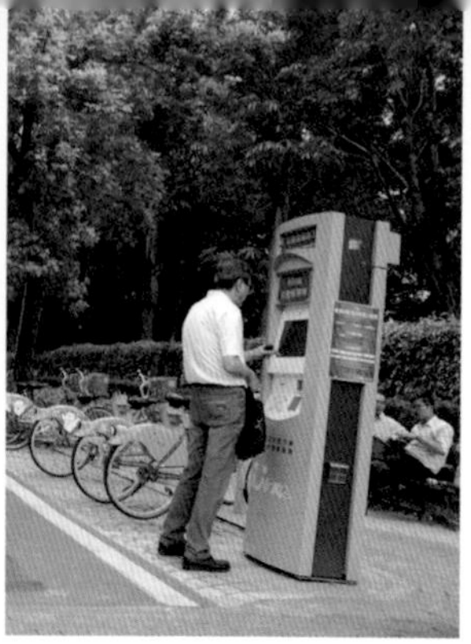

悠遊卡註冊

租借Ubike有單次租車與會員（悠遊卡）兩種方式，單次以信用卡及中華電信手機帳單於各站點Kiosk機申辦。會員是利用悠遊卡註冊後，成為長期使用者，較為方便。悠遊卡可利用下列方式註冊，加入會員。

方法一：服務中心申辦或官方網站申辦

Ubike官方網站（http://taipei.youbike.com.tw/cht/index.php）點選註冊功能後，進行網路註冊。租借Ubike前先在電腦上登錄該張悠遊卡，外出至租借站便可以直接於駐車機上感應借車。

方法二：官方APP申辦

利用手機下載Ubike官方APP，以手機上的引導，完成悠遊卡註冊。

方法三：各租借站點的Kiosk申辦

直接於各租借站的Kiosk上辦理註冊，請先準備好手機、悠遊卡及欲設定的密碼，依照Kiosk螢幕上指示，完成註冊步驟。請依照各註冊媒體指示，完成以下程序：

Step1 建立帳號（手機號碼） ▶ Step2 設定密碼（會員密碼） ▶ Step3 租還方式 ▶ Step4 設定卡片（悠遊卡） ▶ Step5 完成註冊

貼心小叮嚀

· 只要註冊一次，悠遊卡便通行無阻。
· 張悠遊卡僅能對應一個手機門號，註冊過的手機門號不能再對應其他悠遊卡。若是想對應其他悠遊卡，可以使用門號解除設定功能，重新對應。

Ubike借車費率

使用悠遊卡加入會員，前三十分鐘優惠價五元，而且串連公車及捷運或停車場交通設施時，使用悠遊卡旅程會較為方便、順暢。

目前費率於下：

●若是Ubike的租借及歸還地區超出設定區域，必須付出Ubike單車調度費，例如從臺北借車卻在彰化還車，屬於不同區域，還車時必需支付八百一十五元的車輛調度費用。

●前三十分鐘免費，其實是由臺北市政府補助，這項優惠措施可能因政策調整而改變或取消優惠。（臺北市政府交通局在二〇一五年三月十一日發布新聞，Ubike將取消前三十分鐘優惠措施，日後將採前三十分鐘五元方式收費，宣告Ubike免費使用的時代結束。同時，新北市表示，至二〇一五年底前仍維持前三十分鐘免費措施，不會改變。）

●註冊時請準備好手機及悠遊卡，卡內的儲值金額必須不少於一元，也就是說不能為零。

	單次租車	悠遊卡註冊會員
適合對象	單次使用	長期使用
付費方式	信用卡或中華電信帳單	悠遊卡
註冊管道	租借站點 Kiosk 機辦理	1.服務中心申辦或官方網站 2.手機下載官方APP 3.各租借站點的Kiosk機臺
費率計算	4小時內：10元／30分鐘 4小時～8小時：20元／30分鐘 8小時以上：40元／30分鐘	5元／前30分鐘 4小時內：10元／30分鐘 4小時～8小時：20元／30分鐘 8小時以上：40元／30分鐘

租借方式

●請先準備好悠遊卡（卡內請先儲值預扣金額，以免還車時扣不到錢，下次補扣造成麻煩）。

●在靠卡借車前，先大約調好椅墊高度，檢查車輛各部功能（胎壓、煞車、踏板、停車柱腳等），把隨身包包放好，一切準備完成，再感應卡片。

●有時候因為感應失敗，請多感應幾次，並且參考駐車臺上的錯誤說明。

感應卡片成功，會聽見駐車臺上「嗶嗶聲及鬆鎖聲（卡）」，燈號同時轉成「取車」。

靠卡感應。

此時就可以順勢把Ubike往後拉出。（請注意是往後，不是向上或左右施力）

歸還方式

● 請先準備好悠遊卡。

● 動作需在一定時間內完成，否則被停車柱鎖車後，過了感應時間，只能在下次借車時感應補扣欠款。

△ 請將前後輪對準地上的引導標線（駐車鎖與停車柱鎖孔需對準），順勢推入停車柱。

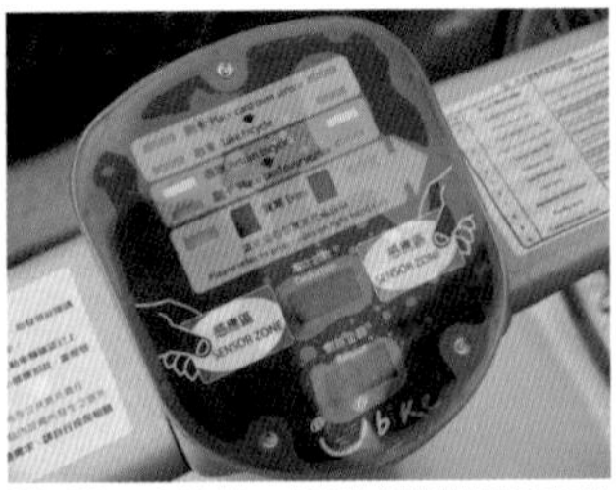

△ 推入定位後，停車柱感應面板會發出「嗶嗶」聲，「刷卡」燈號亮起。

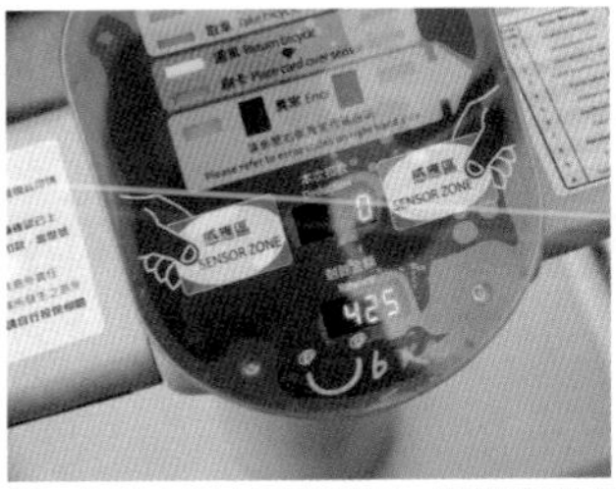

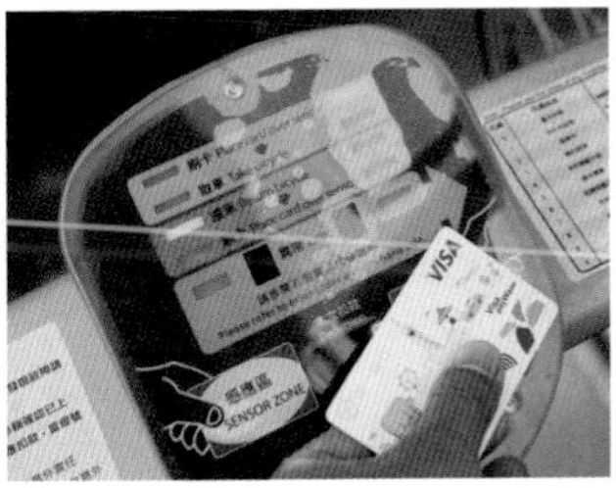

△ 悠遊卡靠卡至感應區，顯示本次「扣款金額」及「餘額」，代表完成還車程序。如果沒有顯示扣款金額，大部分是感應失敗或扣款出問題，請重覆感應或下次補扣。

Ubike車鎖使用教學

step❶

前方置物欄內有一條鋼絲鎖，拉出後，面對車頭由右下方繞過前輪，從左下方穿出，再插入鎖孔內。

step❷

一定要繞過前輪（或栓在固定物，如電桿等），否則沒有防盜效果。

step❸

插入鎖孔後，右邊的駐車鎖上有一把鑰匙，請順時針旋轉至CLOSE，抽出保管。切記要保管好鑰匙，以免遺失打不開車鎖。

step❹

解鎖時插入鑰匙逆時針旋轉，即可抽出鋼絲鎖。

變速方法

Ubike共有三段內置於花鼓的變速器，操作上較一般外置型簡單。向前旋轉轉把，即可降檔，向後旋轉則往三進檔。一檔較輕，三檔較重，大部分時間以二檔常態騎行即可，再依照路況選擇需要的檔位。

建議租借前的檢查項目：

胎壓。（以手指用力捏住外胎，檢查是否有足夠胎壓，記得前後輪都要檢查）

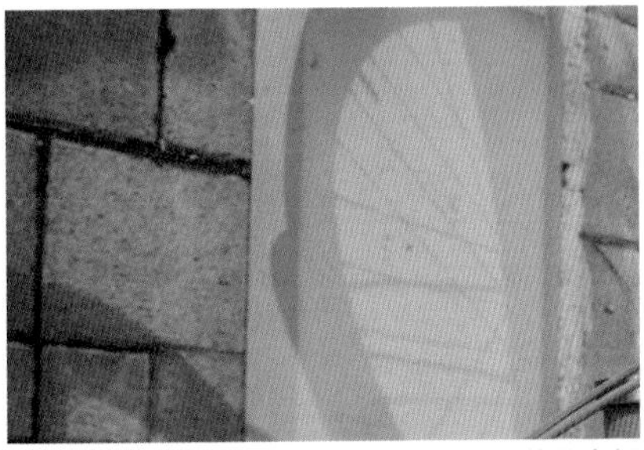

龍頭大致上與車身呈一直線。（因為使用率頻繁，難免種種原因而撞歪龍頭，造成上路的不便與危險性。）

煞車功能。（順勢壓下煞車，大約能有1-2公分的距離，壓不下去或是間隙過大煞車功能不佳，易發生危險。）

菜籃與車身清潔度。（建議在租借前，注意菜籃內是否有不乾淨的髒汙，免得不注意放進隨身包包，而壞了遊性。）

坐墊反轉時代表車子故障。（這是Ubike的共同語言，看見反轉的坐墊，表示已無法騎乘，請選另一輛吧！）

坐墊高度調整的功能是否正常。（正確的坐墊高度，有益於騎乘舒適性。檢查時可順便調整高度。）

Ubike 輕旅行小撇步

以手機下載UBike官網微笑單車APP。

手機下載Ubike APP，可以隨時查詢Ubike各租借站車輛情況，了解附近站點位置，方便隨時有效取得或歸還Ubike。

點開站點符號，讀取每一個站點的可租車輛及可停車輛資訊，避免租不到車及無法還車的窘況。

租賃站地圖功能，可以清楚標定各站點位置，對於尋找租賃點非常方便。

租賃站列表功能 ，APP會自動偵測手機所在位置，顯示最接近的站點提供參考。

〔附錄二〕

單車Ubike騎乘技巧與安全

單車與姿勢的調整

坐墊及把手調整，是單車最基本的調整項目，騎乘姿勢與其有不可分離的關係。正確的姿勢，能讓腿部肌肉得到適當伸展，而產生良好的踩踏動力。另一方面，可以維持良好的舒適感，利於長途旅程。除此之外，坐墊前後、龍頭高低與長度等都是很重要的調整項目。

因為Ubike屬於公共自行車，設計以大眾化身材及人體功學為考量，而且為了容易維修及妥善率，可以調整的只有坐墊高度。

坐墊高度調整重點：

以騎車的姿勢坐在椅墊上，雙腳以腳尖著地，大約就是完美的騎乘高度。實際踩踏時，以腳掌前三分之一處置於踏板中心，也就是姆指根部肉球的位置與踏板中心結合。跟著踏板畫圓，下踩至最低點時，腿部並非完全伸直，而是略微彎曲，大約保持一百六十到一百七十度左右。坐墊太高，腿部肌肉過分伸展，容易疲勞抽筋，坐墊太低，則無法有效

輸出踩踏力道。

雖然Ubike設計於短程通勤，但適當調整坐墊高度，將有助於騎行過程中，更為舒適省力。所以在租借Ubike前，先調整好坐墊高度及檢查各部位功能是否正常，再靠卡感應，便能避免租到不好騎或無法上路的Ubike。

騎乘技巧

單車上路依情況、時間、路程，會產生不同強度及困難度。Ubike旅行大多只在城市中悠遊，同一條路線，不同時間騎完，可能會是輕鬆路線，也可能會變成進階的路線。沒有壓力的城市漫遊、慢遊，是最佳的單車旅行方式。身處城市繁華，建議用一顆感動的心，採擷大街小巷的美好。

利用平緩與漸近的方式前進。集中又太過高強度的趕路，不會有太多的收穫，也容易疲勞。我們需要類似慢跑或快走這種有氧運動，盡量選擇平緩、長度適中的路程，漸次適應單車運動的方式及姿態。多騎，就會知道腳力與體力如何分配。

還好，我們的Ubike身在城市，補給休息，不會有太多的問題。

由近而遠建立信心

選擇小而美的路線，發現城市的美好，建立信心、興趣後，再漸漸的拉長路線。Ubike可以很輕鬆，也可以輕運動，隨意自在。

坐姿與腳踏

坐上單車後，基本上有三個支點：踏板、坐墊及把手。

●把體重平均分配在這三個點上。大部分騎車的人都會抱怨臀部疼痛，這與騎車時過多體重放在坐墊上有很大關係，所以上車後應先調整自己的姿勢。

●腳與踏板的接觸點，以腳掌前三分之一處緊貼踏板中心。

●手肘略為彎曲、放鬆，而不是直挺挺的撐住把手，這樣可以吸收路面傳來的震動。背部也是一樣，微微向上弓起。這些姿勢都是些微的自然動作，而不是非常刻意的僵化程度，上車多騎幾次，便能體驗其中的感覺。

變速器操作

●變速時，踏板要同時轉動，並且不可有後踩動作，變速器才不易出問題。

●變速的原則是調整踩踏的扭力，而不是控制速度。

利用不同檔產生不同扭力，適應路上所發生的各種狀況，這是變速器最主要的功能。熟悉變速把手及齒比位置，怎麼轉變輕、變重，變速器的操作與踩踏力道配合，在不同路況給予適當的檔位。

平常騎乘，可以找到一個最令我們滿意的檔位，車輛均速前進，踩起來阻力適中，使身體可以跟著踩踏及速度的節奏前進。Ubike以「二檔」為中心點，覺得太重時，可以向「一檔」轉動，使阻力下降；若覺得速度可以拉高又不影響負荷，可以往「三檔」的方向變速，獲得更快速度。但變速的原則，主要還是在得到較高扭力，協助長途配速及應付不同路況（如上坡、下坡、逆風等情況。）

煞車操作

按壓煞車時，一定得前後同煞，甚至先煞後再煞前。單獨使用前煞或後煞，都容易使車輛打滑或失去平衡摔車。

任何緊急快速的煞車都是危險的，所以平常以和緩及漸近方式點放煞車最為理想。下坡高速行駛時，請在轉彎前即先行減速。到了轉彎處才用力煞死，容易打滑、衝出道路。雨天及散沙、碎石路況，車子的抓地力較差，煞車更是要注意。

人行道騎行

設有自行車標幟的人行道，開放單車通行。雖然單車的速度不快，但希望速度更慢的行人能充分獲得通行安全，除了盡量在車道內騎行外。以一個有禮貌的態度，為人著想的心，悠遊在人車共行的路上，是多麼美好的一件事。

期望騎乘Ubike的每一位騎士，都是風雅的城市旅行者，能禮讓，遵守交通規則，踩下踏板時，每一個人都帶著如Ubike那一抹上揚的微笑。

watsons 屈臣氏
watsons 屈臣氏

四四南村

國家圖書館出版品預行編目資料

Ubike臺北輕旅行：30條無碳私遊路線／
茶花小屋（李立忠）著.--初版. --台中市：晨星, 2015.08
224面；公分. --（台灣地圖；038）
ISBN 978-986-443-027-7（平裝）

1.腳踏車旅行 2.臺北市 3.新北市

733.9/101.6　　104011202

台灣地圖038
Ubike臺北輕旅行──30條無碳私遊路線

作者　茶花小屋（李立忠）
主編　徐惠雅
校對　徐惠雅、茶花小屋、陳伶瑜
美術編輯　林恒如
地圖繪製　銳點視覺設計工作室

創辦人　陳銘民
發行所　晨星出版有限公司
台中市407工業區30路1號
TEL: 04-23595820 FAX：04-23550581
E-mail:service@morningstar.com.tw
http://www.morningstar.com.tw
行政院新聞局局版台業字第2500號
法律顧問　陳思成律師
初　版　西元2015年08月10日
郵政劃撥　22326758（晨星出版有限公司）
讀者專線　04-23595819#230

定價　399　元
ISBN 978-986-443-027-7
Published by Morning Star Publishing Inc.
Printed in Taiwan

◆讀者回函卡◆

以下資料或許太過繁瑣，但卻是我們了解您的唯一途徑，

誠摯期待能與您在下一本書中相逢，讓我們一起從閱讀中尋找樂趣吧！

姓名：______________ 性別：□男 □女 生日： / /

教育程度：______________

職業：□學生 □教師 □內勤職員 □家庭主婦

□企業主管 □服務業 □製造業 □醫藥護理

□軍警 □資訊業 □銷售業務 □其他______________

E-mail：______________ 聯絡電話：______________

聯絡地址：□□□______________

購買書名：Ubike臺北輕旅行——30條無碳私遊路線

・誘使您購買此書的原因？

□於________書店尋找新知時 □看________報時瞄到 □受海報或文案吸引

□翻閱________雜誌時 □親朋好友拍胸脯保證 □________電台DJ熱情推薦

□電子報的新書資訊看起來很有趣 □對晨星自然FB的分享有興趣 □瀏覽晨星網站時看到的

□其他編輯萬萬想不到的過程：______________

・本書中最吸引您的是哪一篇文章或哪一段話呢?______________

・對於本書的評分?（請填代號：1.很滿意 2.ok啦！ 3.尚可 4.需改進）

□封面設計________ □尺寸規格________ □版面編排________ □字體大小________

□內容________ □文／譯筆________ □其他________

・下列出版品中，哪個題材最能引起您的興趣呢?

台灣自然圖鑑：□植物 □哺乳類 □魚類 □鳥類 □蝴蝶 □昆蟲 □爬蟲類 □其他________

飼養＆觀察：□植物 □哺乳類 □魚類 □鳥類 □蝴蝶 □昆蟲 □爬蟲類 □其他________

台灣地圖：□自然 □昆蟲 □兩棲動物 □地形 □人文 □其他________

自然公園：□自然文學 □環境關懷 □環境議題 □自然觀點 □人物傳記 □其他________

生態館：□植物生態 □動物生態 □生態攝影 □地形景觀 □其他________

台灣原住民文學：□史地 □傳記 □宗教祭典 □文化 □傳說 □音樂 □其他________

自然生活家：□自然風DIY手作 □登山 □園藝 □觀星 □其他________

・除上述系列外，您還希望編輯們規畫哪些和自然人文題材有關的書籍呢?______________

・您最常到哪個通路購買書籍呢? □博客來 □誠品書店 □金石堂 □其他

很高興您選擇了晨星出版社，陪伴您一同享受閱讀及學習的樂趣。只要您將此回函郵寄回本社，我們將不定期提供最新的出版及優惠訊息給您，謝謝！

若行有餘力，也請不吝賜教，好讓我們可以出版更多更好的書！

・其他意見：______________

晨星出版有限公司 編輯群，感謝您！

請填妥對折裝訂，直接投郵即可，免貼郵票

廣告回函
台灣中區郵政管理局
登記證第267號
免貼郵票

407
台中市工業區30路1號

晨星出版有限公司

贈書洽詢專線：04-23595820#112

晨星自然

請沿虛線摺下裝訂，謝謝！

回函好禮雙重送

活動辦法：

1.請填妥回函，附上80元郵票（工本費）寄回晨星，即可獲贈《植物遊樂園》乙本得獎好書。於104年10月31日前寄回還可參加限時抽獎活動。

2.抽獎活動首獎：國家地理攝影包中型郵差包乙名，二獎：國家地理攝影包小型托特包四名。（贈品由 正成集團 提供）

3.中獎名單於104年11月10 日前公布於晨星自然FB。獎品與贈書將於名單公布後，於104年11月30日前統一寄送。

第一重　國家地理攝影包限時抽獎送

首獎

國家地理攝影包 NG A2140
非洲系列白金版中型郵差包
售價：5260元

二獎

國家地理攝影包 NG W8000
都會潮流系列小型托特包
售價：940元

NATIONAL GEOGRAPHIC® 國家地理攝影包 正成總代理

第二重　得獎好書寄就送

植物遊樂園
定價：350元